懂幽默的人，从来不会输在说话上

吴明轩◎著

江苏凤凰文艺出版社
JIANGSU PHOENIX LITERATURE AND ART PUBLISHING, LTD

图书在版编目（CIP）数据

懂幽默的人，从来不会输在说话上 / 吴明轩著. --南京 :江苏凤凰文艺出版社，2018.4
ISBN 978-7-5594-1666-7

Ⅰ. ①懂… Ⅱ. ①吴… Ⅲ. ①幽默（美学）－口才学－通俗通物 Ⅳ. ①H019-49
中国版本图书馆CIP数据核字(2018)第045314号

书　　名	懂幽默的人，从来不会输在说话上
作　　者	吴明轩
选题策划	独角兽智库
责任编辑	丁小卉　姚　丽
文字编辑	魏　巍
出版发行	江苏凤凰文艺出版社
集团地址	南京市湖南路1号A楼，邮编：210009
集团网址	http://www.ppm.cn
出版社地址	南京市中央路165号，邮编：210009
出版社网址	http://www.jswenyi.com
印　　刷	三河市金元印装有限公司
开　　本	710×1000毫米　1/16
字　　数	160千字
印　　张	19
版　　次	2018年5月第1版，2018年11月第2次印刷
标准书号	ISBN 978-7-5594-1666-7
定　　价	39.80元

（江苏凤凰文艺版图书凡印刷、装订错误可随时向承印厂调换）

目 录

第 5 章

职场开心果，让你如鱼得水

第 6 章

幽默给点力，生活可以如此有趣

第 7 章

幽默是一种智慧，让性格更有温度

第 8 章

修炼这 10 招，变身幽默达人

前　言

随着科技和经济的飞速发展，我们生活的节奏也变得越来越快，每个城市生活的人也都活得并不轻松。我们承受着生存压力，不停地为生活打拼，生活、工作、学习像齿轮一样，一环扣一环，让我们片刻不得松闲。如果你不懂得自我调控，苦恼、忧愁、烦躁等负面情绪很可能会把你压垮。

生活虽然很累，但我们必须要活得轻松。而这轻松的秘诀，就是幽默。

据调查，位于亚平宁半岛的意大利人中，有三分之一的人寿命都在 75 岁以上，平均每 3 万人就有一个百岁老寿星。他们的生活看来和我们没什么本质上的不同，可他们乐观开朗，幽默善谈，把平淡乏味的生活过得有滋有味。其实，他们的人际关系不甚和谐，因为这是个很爱争论的民族，有时会为一些小事争得面红耳赤。可是，他们掌握着智趣非凡的说话术，可以巧妙地表达观点，缓和矛盾，调节气氛，一句巧妙诙谐的话语就能立即化“干戈”为“玉帛”，极少会真的互伤感情。

生活在这样亲切幽默的环境里，人想不快乐都很难。

和意大利人的风趣幽默比起来，我们中国人甚少幽默细胞，很多人整天板着一副面孔，不知何为幽默，更不懂幽默。也正是因为如此，我们的人际关系才会如此复杂，总会出现剑拔弩张的情况。我们不懂幽默，不善于用幽默的话语表达自己的看法，说话尽量隐晦含蓄，生怕不小心得罪了对方。当所有人在交际中都如此的提心吊胆时，人与人之间的关系就很难轻松自在。而在这样的环境中，人也很难获得快乐。

所以，我们的生活需要幽默，学会制造幽默，生活和事业会因为充满快乐而充满希望。幽默的言辞可以消除生活中的疲劳、乏味感，让我们热爱生活，更加乐观地面对生活，幽默还可以化解人际交往中的误解、偏见，使沟通更加有效，让人际关系更加和谐。幽默还能通过快乐的言辞互相“传染”，让每一个人的生活充满欢声笑语。幽默也是职场人士必备的素质之一，它能帮助我们提升人格魅力，凝聚一个松散的团队，让我们得到同事的信赖和上司的赏识。

本书从八个方面阐述了创造幽默的技巧，为你打开了一扇认识幽默、运用幽默的大门。闲来无事，随手翻上几页，不仅可以为你的生活增添乐趣，更能为你的口才插上幽默睿智的翅膀。无论你是浅尝辄止，照葫芦画瓢，还是深入探究，独创一派，都能帮你练就一颗豁达的心灵，一个变通的头脑，让你成为生活中的幽默者，可以更加积极地面对生活，更加理性地思考人生。

第1章

学会幽默基本功，提升个人魅力

一个人的幽默能力，与他的知识储备、人生经验等有很大的关系。只有储备和阅历积累到了一定程度，才能对幽默进行设计和创造，才会在一些合适的场合甚至一些突发情况下妙语连珠、引人发笑。

正因为如此，我们可以说幽默感是通过知识、阅历积累而来的，这种学习有一个循序渐进的过程，需要大家由浅入深、层层递进地学习掌握。这一章，我们就从最简单的幽默基本功入手，教大家一些幽默小技巧。这些技巧简单易操作，不容易出错，但却会有惊人的效果，常常可以逗得人们捧腹大笑。如果你不善言辞、不苟言笑，可以先从本章入手，掌握这些安全可靠、简单易懂的幽默技巧，提升你的幽默能力，让你由内而外散发出迷人的光彩。

1. 把握说话的场合和分寸，让幽默更安全

台湾作家刘墉曾经说过这样一段话："幽默就像抓痒。抓轻了，不痒，没有效果。抓重了，不是痒，是痛，得到反效果。抓得不是时候，对方不但不痒，还可能冒火。"如此看来，幽默的效果并不总是好的，一个人在运用幽默时，一定要认清对象、把握机会，并使分寸恰好保持在"不轻不重、不多不少"的程度。如果你在不当的场合开了不合分寸的玩笑，不仅会引发事端，还可能会酿成大祸。

美国前总统小布什在民众眼里，是一个不太善于说话的人。即使入主白宫，成为三军统帅和世界上最有权势的总统，也依旧没有摆脱得州牛仔的习性。说起话来，直来直去，没有任何技巧和技术性可言。他也深知幽默可以增加一个人的个人魅力，却经常不得要领，有时候他想幽默几句，然而经常说出一些似是而非的幽默，让听众难堪和难以理解，严重的时候甚至还会造成外交"事故"。

小布什在当选美国总统后，首次跟俄罗斯总统普京通话。他可能是想表达一种熟络亲热的关系，给对方留下一个好印象。他一开口没有直呼其名，也没有叫普京"总统先生"或"普京先生"，而是直接称他为"亲爱的

鸵鸟腿”。普京认为这是一种取笑，没说几句话，便气呼呼地挂断了电话。

要想使幽默取得好的效果，不能像小布什总统那样不顾场合随便开玩笑，一定要把握好幽默的场合、时机和分寸。语言的威力非常微妙，同样的话在不同的场合、时机说出来，会收到截然不同的两种效果。对幽默时机的把握，更是如此。

著名企业家马云：下半年你就适应了

2008年经济危机席卷全球，马云在“2008年中国企业年会”现场被人问到危机什么时候可以结束时，他幽默地回答说：“今天中午我在外面吃饭，餐厅的老板问我，你预计危机明年会结束吗？我说明年下半年就可以了。他惊喜地问明年下半年真的可以？我说明年下半年你就适应了。”

当年的经济危机形势非常严峻，现场的企业家们心情都比较低落，但马云的乐观感染了在场的每一个人，也让现场的气氛顿时轻松了起来。最重要的是，这段话让这些企业家明白了马云的观点：凡是该来的，总会来到。我们要做的，就是在一切不可避免的困难面前，不要逃避，要尽快地去适应它。

奥斯卡颁奖礼：是妮可鸡，因为妮可·基曼！

在一次奥斯卡颁奖典礼上，一个时尚杂志社的美编和编辑在讨论哪位女明星穿得最漂亮，要将穿得最漂亮的明星作为本期杂志的封面人物。有人说是娜塔丽·波特曼，有人说是卡梅隆·迪亚兹。大家讨论的热火朝天，却一直没有结果。这时，这时，一个入职不久的编辑忽然想起一个笑话，想说出来活跃一下气氛，他打断大家：“我问你们，‘世界上哪种鸡跑得最慢？’”大家觉得他的问题莫名其妙，但还是碍于礼貌，只好停下来猜是哪种鸡，然而怎么猜也猜不出来，这时他宣布答案：“是妮可鸡啊，因为妮可·基曼！哈哈哈……”他自己一人自顾自地笑了起来，而身边的人却有些懵了。

他这种自以为是的幽默，就是比较失败的案例。这种不得体和不合时宜的幽默，会立刻让原本热络的谈话，迅速冷却下来。

幽默不是沟通中的万灵丹，谈话中如果要使用幽默，一定要注意场合和时机，要把握分寸。蔡康永对幽默曾做过一段总结，很有道理：讲话幽默的人，就像走路好看的人，你跟他走在一起，会觉得很平常的走路也是赏心乐事。而无缘无故、不分场合讲笑话就好像翻跟斗，翻得好不好姑且不说，但不会有人喜欢跟没事就翻跟斗的人一起走路的。

如果你在幽默方面并没有多少经验，又想运用幽默的技巧，那要学会在开口幽默前，一定注意看清周围的情势。比如，在一些悲伤凝重的场合（如葬礼上），便不能随便开玩笑，对方需要的是安慰和帮助，这时和人家开玩笑，会让对方认为你缺乏教养，甚至是幸灾乐祸；在庄重的集会或公众场合，也尽量不要打趣逗笑，如果肚子里有戏谑的玩笑话，也一定要考虑清楚，没有足够的把握还是不说为妙。一般来说，大部分的幽默都适合在轻松、愉悦的氛围内使用。

打个比方，你刚刚学会一个很有趣的笑话，什么时候讲出来效果最好呢？最安全有效的做法，就是在餐桌上或者周末聚会时，对熟人、同学、朋友或者老同事讲。这时大家神经放松，有闲散时间，乐意对有趣的笑话做出回应，不仅可以调节气氛，还能为你建立随和、亲切的好形象。

如果你身边是些不熟悉的人，就别轻易乱开玩笑，因为你并不了解别人的秉性和经历，别人也很难对你的幽默感同身受，会很容易出现尴尬的情况。或者人家已有了共同话题，已经形成和谐融洽的气氛，如果你突然介入与之开玩笑，可能会打断人家的话题，甚至可能因为幽默不当引起误会。在这一方面，我们也可以学学日本人。日本人生怕自己的幽默引起误会，在开玩笑前会打个招呼说：嗨，以下是个笑话，然后才讲出笑话的内容。在日本人看来，这样穿靴戴帽是很有必要的，提前打个招呼使得对方有心理准备，才不会把玩笑和严肃的话题混淆，也能避免伤害到对方。我们虽不必像日本人那样中规中矩，但若对场合时机没把握，或者幽默内容不甚安全，用这个办法也可以增加一些幽默系数。

除此以外，你还要注意幽默的分寸和尺度，哪怕你有一肚子的笑话，也不要滔滔不绝地说起来没完没了。这样总是以自己为中心，难免会让别人感到不快或受冷落，甚至还可能会让人误会你想表现自己。要知道，聚会不是一个人的社交，是大家的社交，你得让别人也有表现的机会。需要幽默时，只需恰到好处地说上几句画龙点睛的话就好，千万不可过分出风头。

2. 把自己逗笑，别人也会跟着你笑

现如今，人们的生存压力越来越大，人际关系也越来越复杂。有些人心情不好就写在了脸上，整天冷脸对人，不是“9点15分”的扑克脸，就是“7点25分”的苦瓜脸。这种冷漠脸孔和消极情绪是会传染的，如果大家都如此冷漠下去，不仅会让自己越来越不顺心，也会让生活失去很多乐趣。

所以，我们要努力让自己开心起来，消极的情绪会传染，乐观的情绪也会传染。如果你每天都“笑脸迎人”，别人也会对你回报以微笑。而被笑容传染的一方，也会因为自己的笑容感觉到浑身舒畅，快乐无比。我们中国人不是有一句话常说“笑脸迎人，就是菩萨”吗？笑容是一剂人际关系良好的万能药，常带微笑、幽默对人，对人对己都是好处多多。

引人发笑并不简单，如果对方冷漠、高傲，或者精神倦怠，或者紧张兮兮，你只露出一个简单的微笑恐怕还不够。这时，你可以大胆尝试用幽默言谈把自己“胳肢”笑了，你一笑对方自然就会跟着你笑起来。事实证明这是一个屡试不爽的招数哦！

《非诚勿扰》嘉宾乐嘉：孟非有什么好，没我帅，头还没有我的亮

在一期《非诚勿扰》中，主持人孟非问男嘉宾对心仪的女朋友有什么要求时，男嘉宾说道：“我最不能接受的是女朋友把我和别的男人比较，这对我来说是一种耻辱。”男嘉宾的情绪有些激烈，孟非看到这种反应后，立马把话题投向了另外一边台上的乐嘉：“这个问题乐嘉应该最有发言权了。我要问问乐嘉，在你的以往这么多届女朋友中，有没有人喜欢把你和别的男人比较？”乐嘉答道：“当然有啊，今天我实话实说啊，我的前一任女朋友就说，我心目中的白马王子是孟非那样的人，你看看人家孟非多好啊。我很生气，问她孟非有什么好，没有我帅，头还没有我的亮，可她就是坚持认为还是孟非好嘛，后来就分手了。”全场顿时响起一片笑声。

真正富有幽默感的人会在不经意间信手拈来一些“笑料”，就好像小品中的抖包袱一样，抖搂出来，就引人发笑。在很多幽默产生的效果里面，人们会发现美好、善意和严肃的印迹。如同上文的乐嘉，他结合现场有些紧张的气氛，巧妙灵活地把话题转接到孟非头上，这种就地取材似的调侃，既缓解了尴尬，又带动了当场的气氛。

国学大师启功先生：阎王想让我给他题字

国学大师启功先生晚年身体不好，是医院的常客。一次，启功先生病情突然加重，医院下达了病危通知单。望着病危通知单，亲友们十分担心，就好似胸口被压了一块大石般难受。幸好，启功先生逃过了这一劫。

苏醒后的启功先生见亲友们的表情如此凝重，心里很有些过意不去，便故意逗趣说：“我这几天在阎王殿里可没少喝酒，因为阎王缠着我，非让我给他题字。我本不想与阎王交朋友，可阎王威胁我说，我若不写就不放我回来。没办法，我只好应命了。临行前，阎王还专门出来送我，还允诺给我增寿十年呢！”

说到这儿，启功先生大笑了起来，边笑边说："哈哈哈！你们看，字写得好，也能增寿啊！"望着如此乐观、幽默的启功先生，大家沉重的心情得以缓解，也跟着他大笑起来。

在经历了生死劫难后，启功先生深知他需要振作起来，不仅为自己，更为了关心挂念自己的亲友。于是，他故作幽默，努力表现出一种幽默乐观的姿态，好让大家安心。他的这个小幽默，不仅显示了他的机智、诙谐，更显示出他的宅心仁厚和大家风范。这一点我们普通人也可以学习，当亲友为我们担忧时，那种温暖的言语，能够让处于身心紧张状态的他们，获得重生般的力量。

在诸多幽默技巧中，"胳肢"自己笑是较为简单的，只要能保持镇定，尽量放开束缚，幽默感自然就会涌现出来。

打个比方，你初入职场，负责招待一批难缠的客户。由于是新人，你非常紧张，敬酒时连酒杯都拿不稳，不停地发抖。作为合作伙伴，这样的表现实在有失风范，会让精明的客户对你的印象大打折扣，面孔也会绷得更加难看。

这时，你要怎样缓和气氛，并缓解自己的紧张？你可别不停地暗示自己"别紧张、别紧张"，事实证明，这样暗示的结果只能让你更紧张。所以，你倒不妨彻底放开，大大方方地对客户说："大家都瞧见了吧？我一紧张就像酒精中毒一样，手不断地发抖！没办法，这是一个大单子，我实在无法不紧张啊！"

你这样自嘲一番，相信大家也会跟着会心一笑，你表现出的这份气度和勇气，不但会让尴尬的气氛得到缓解，还会让大家对你重新认识，认识到你是一个真诚、踏实的人，跟这样的人合作会让他们很放心。

一般来说，一个豁达乐观的人，随时都有办法"胳肢"自己使自己发笑。而一个每天微笑，并能给他人带来微笑的人，会让你更加容易得到别人的认可和肯定。

3. 把话说到对方心坎里，最好听最幽默

一个人能否成功，嘴巴上的功夫十分关键。

古人有云，“言而兴邦，言而丧邦”，可见说话大可影响国家的命运，小至可以左右我们每一个人的生活状态。一个会说话并擅长幽默言辞的人，可以轻松与人建立良好的人际关系，使自己赢得主动，左右逢源。

那么，怎样说话，才能把话说得好听，又能逗人发笑呢？要做到这一点并不难，那就是让自己的嘴巴甜点儿，尽量多说点好话。常言道，“好话一句三冬暖，恶语半句六月寒”。这话很有道理，同样内容的话语用好听的方式与不好听的方式，取得的效果会截然相反。而且在通常情况下，嘴巴越甜，越讲究技巧，恰当的时机下，能巧妙的使用一些幽默，说出来的话就会越打动人心。

嘴甜，不是叫大家一味地逢迎别人，更不是无原则地拍别人马屁，而是说应该把好听的话说到对方的心坎里。这样一来，即便幽默水平不高，也能引得对方的会心一笑。

“文化讲坛”上的崔永元：越是没文化，得到的掌声越多！

在2008年《解放日报》举办的“文化讲坛”上，崔永元作为嘉宾，一开场就幽默不断，让听众笑声连连。他说：“我今天心里直打鼓。因为我看到和我同台演讲的是龙永图先生和吴建民先生，他们都是伟大的人，我怎么能和他们站在一起演讲呢。虽然我万分荣幸，但心里还是十分紧张。然后，我留了个心眼，仔细研究了上一届的三位嘉宾，他们是余秋雨、曹景行和赵本山，我瞬间就明白了，心里也踏实了——因为每次组合都是‘两个学者加一个农民’嘛！”现场一阵哄堂大笑。接下来，他继续道：“首先让我们把热烈的掌声给龙永图先生，是他让数以亿计的中国人知道了W–T–O这三个英文字母，让全中国的人民了解了什么是世贸组织。（全场鼓掌）。接下来让我们把热烈的掌声给吴建民先生，是他让数以亿计的外国人了解了中国，知道了两个汉字‘中－国’。（全场鼓掌）第三，我再诚恳的提议大家把最热烈的掌声给我。（全场鼓掌）

崔永元继续道：“这掌声听起来确实比给刚才两位的热烈，这再次印证了我的观点，越是没文化，得到的掌声越多。”全场爆笑不止。

崔永元先说出自己的紧张，表达自己的荣幸之情。紧接着将两届嘉宾作比，听众自会做出崔永元犹如农民艺术家赵本山之判断；而这种自嘲，会让人感受到他的谦逊和幽默。现场热烈的气氛被调动起来之后，他再起波澜：给龙永图和吴建民先生鼓掌都是极其正面正当的理由，在给小崔鼓掌时，听众自然也会有正面的预期。而他竟以“没有文化”再次自嘲，出人意料又让人捧腹，让人轻松又让人赞叹他的涵养和谦虚。

美国五星上将艾森豪威尔：就让我当那个句号吧！

一次，艾森豪威尔参加一个演说会，现场共有6位贵宾受邀演说，他作为重量级人物排在最后。轮到艾森豪威尔上台时已近午夜，听众们连续听了5个人的演讲，早已经疲惫不堪，昏昏欲睡。于是，艾森豪威尔改变了主意，他风趣又体贴地说："各位亲爱的朋友，演说中总有句号，就让我当那个句号吧！"

说完，艾森豪威尔坐回了自己的位置，当观众明白怎么回事后，大厅里响起一阵爽朗的笑声。

艾森豪威尔的话听起来并不甜，但内容却十分贴心。他看出前面5个人的疲劳轰炸，已经让听众们不堪承受，于是果断地、体贴地结束演讲。他的这一举动不仅表现出他的贴心、优雅，更产生出一种幽默的效果。艾森豪威尔后来对人说，这是他所有演说中最成功、最幽默的一次。

成功学家林道安曾经说过，一个人会不会说话，关键在于他能否知道对方想听什么样的话，假如你能知晓说话的力量有多大，你自然会看透对方的心理活动。的确如此，艾森豪威尔的一句话演讲，之所以能带来如此强烈的幽默感，就在于他能设身处地地为别人着想，体谅他人的难处，把话说到对方的心坎里。

举个例子，我们都经历过这样的事：在拥挤的公交车上，有人不小心踩到了别人的脚。通常，踩人的一方会立即道歉，说一句"对不起"，也有人会立即为自己开脱，说"车上太挤了，我的脚都没处放了"，如此等等。听了这些话，被踩的一方虽心有怒气，但在众目睽睽下不好发作，只能硬着头皮回句"没关系"。当然也有人不那么好说话，所以最终因此而吵起来的也不在少数。

其实，这些争执原本可以轻松避免，只要你的嘴巴甜一点就行。譬如，当你不小心踩到别人的脚时，可以笑着道歉说："哎呀，您这只脚可真不简单呀，承重能力起码要超过130斤呢！真是对不起，还好我最近刚好减肥成功，前阵子体重超过190斤呢！"

这番话的重点不在于道歉，也没有为自己开脱，而是专注于赞美对方并调侃自己。虽然这番赞美有些不着边际，甚至带有一些无厘头的幽默色彩，但它对于听者会非常受用，整个车厢的人也都会跟着笑起来。在轻松愉快的笑声中，还有什么不能解开的结呢？

4. 赞美式幽默要把握分寸

一只乌鸦停在一棵树上，嘴里叼着一块肉。狐狸被肉的香味吸引了过来，馋得直流口水。为了得到那块肉，狐狸笑着讨好乌鸦道："乌鸦先生，您的羽毛漂亮，歌声优美，真该被封为鸟类之王啊！"

乌鸦听了高兴地大笑起来，这一笑肉就从嘴里掉了下来，狐狸在下面刚好接个正着。狐狸高兴地说："乌鸦先生，祝你笑口常开，我的好运就来了！"

以往读这则寓言，我们常会专注于乌鸦的自大愚笨，狐狸的狡诈奸猾，其实换个角度来看，你会发现这是个很有教育意义的小故事。它告诉我们，不管是人还是动物，总是喜欢被赞美的，赞美就如同一枚糖衣炮弹，我们任何人都难以招架。

不信你去百货商场服饰专柜看看，那里的专柜小姐个个嘴巴如蜜甜，都很会赞美人，不管客人试穿什么样的衣服，她们都能说出一套绝佳的赞美词来赞美一番。于是，顾客总会在这一番赞美中心花怒放，忘却自身的优势劣势，然后笑着说："真的好看吗？好好好，包起来，包起来！"

看看，用赞美的话把别人哄开心，就可以让你轻松达到目的呢！

赞美的话人人都爱听。可是赞美也是有原则的，高帽不能随便乱戴，不能夸大其词，要找好重点，有的放矢的去赞美，才能让人博得好感，否则非但达不到效果，还会让你的形象大打折扣，让对方认为你谄媚庸俗，不值得信赖。所以，在幽默中要想使用一些赞美的话语，一定要把握最恰当的分寸，下面两个例子就是很好的说明。

央视名嘴水均益新书发布会上：他写伊拉克那两章真精彩，其他的，主要是写我的那篇特别不靠谱。

2014年，央视名嘴水均益推出了新书《益往直前》，4月27日在首都图书馆举行了首发仪式。崔永元作为多年的同事和好友前来助阵。当时水均益有一个巨大的心结，2003年他在伊拉克进行战时报道时，因种种阴差阳错的原因中途被撤回，这一事件让他背负了很多骂声，他还被人称为“逃兵”。这一事件一直让他很沉重。于是，他借着新书发布之际，谈起了“逃兵”一事，说到自己因此事心情郁闷多次醉酒时，不由自主的动起了感情，使得现场气氛凝重起来。见到这种情况，崔永元插入话题，开玩笑道：“他受了这么大的委屈，憋了这么久才说出来，出版这本书就是为了说清楚这件事，把这点历史给掰扯清楚。不过光这点事凑不够一本书，所以又写了些别的内容。关于伊拉克那两章写得很精彩，不过也有不靠谱的地方，尤其是写我的那篇最不靠谱。”话刚说完，水均益和观众都笑了起来。

见水均益回忆往事而陷入悲伤情绪，以致现场气氛都开始伤感起来，这不利于现场发布会的顺利进行，崔永元机智的插科打诨。他看似主观臆测，实则是一种调侃：为了诉说多年的委屈，才有了本书；又因为“这点事凑不够一本书，才又说了点别的”。这种明显的强加因果，很快就让人忍俊不禁；再加之“别的内容都很好，就写我的那篇特别不靠谱”这一看似批评、实则赞美的言论，自然令水均益和观众会心一笑，又明白其意。

军事家拿破仑的士兵：您太值得我们学习了

拿破仑一生建功立业，却非常反感奉承的话，如果有人在他面前阿谀奉承，不仅讨不到一点儿好处，还会被他讽刺挖苦。不过，事情总有例外，他手下的一名士兵就聪明地抓住了拿破仑的弱点，让拿破仑高兴地接受了他的赞美。这名士兵是这样说的："将军，居功至伟却最不喜欢奉承话，您真是值得我们学习的人啊！"

就是这一句赞美，让拿破仑笑逐颜开。

这名士兵之所以能够达到赞美的目的，就在于他选准了切入点，并给这顶高帽设计了最佳尺寸。他了解拿破仑的脾气秉性，知道他讨厌奉承，便就这一点入手，对他不喜赞美这一点加以赞美。这是很别出心裁和又准确到位的赞美，让拿破仑甘之若饴。也许他内心深处也为自己的这点品质而沾沾自喜呢。这名士兵恰到好处地找准切入点，轻描淡写地说出赞美的话，自然可以"话半功倍"。

人人都喜欢正面的赞美，而不喜欢负面的批评。如果我们能真诚地赞美对方，并适当添加一些幽默的元素，不仅能让对方欣然接受你的赞美，更能迅速拉近双方的距离。譬如你要称赞一位男士长得帅，可以这样说："本来想夸我自己风流倜傥、玉树临风的，一看你我什么都不想说了！"

听了这话，对方一定会哈哈大笑。笑具有不可思议的魔力，你只要能让他发笑，自然就拉近了距离，对二者的关系会形成非常正面和积极的回馈。这种回馈会让我们更加自信，也更加充满魅力，从而形成人际关系的良性循环。

当然，夸奖别人时也不能毫无顾忌，不能让别人感觉你言不由衷，甚至虚情假意。我们夸奖别人时也要充满真诚。就像前文中狐狸夸奖乌鸦为百鸟之王，这实际上是信口胡诌、另有所图。并不是人人都像乌鸦那般愚蠢，一旦被人识出了你的真实用意，后果可想而知。另外，我们夸奖的内容必须是对方所在意的，就像那位士兵称赞拿破仑不喜奉承一样，要把奉承话说到人的心坎儿里。譬如见到中年女性，我们可以称赞她们身材苗条、婀娜多姿；见到老年人我们就要称赞他们身体硬朗、精神矍铄等等。如果我们称赞青年人身体硬朗、牙齿坚硬，词不达意会让人不舒服，很难起到赞美的效果。

当然，有时候我们善意的夸奖，也未必一定会取得良好的效果，甚至可能是对方的回马一枪。作家马克·吐温先生就遭遇过这种事。一次，他出席某晚宴，席间他夸赞一位贵妇说："夫人，你太美丽了！"不料那妇人却说："先生，可是遗憾得很，我不能用同样的话回答你。"这位贵妇的话很伤人，就连大度豁达的马克·吐温也不禁有些恼火。于是，言辞犀利的马克·吐温笑着说了一句："那没关系，你也可以像我一样说假话。"

这是一个非常有趣的故事，不仅显示出马克·吐温的机智、幽默，更反衬出那位贵妇的吝啬、自私和冷漠。如果遇到这样的人，我们不妨也幽默地回击一下。

5. 学会用人来开玩笑

在美国，拿大人物开玩笑是一件司空见惯的事情，无论是农民还是华尔街精英，都很不把大人们、政治家们当回事，他们甚至打趣说：“政治家就像尿布，勤洗勤换才好。”

其实，我们也可以尝试开一些大人物的玩笑，人的骨子里都会潜藏着这样一种心态，那就是看高高在上的大人物出洋相。看着大人物闹笑话，我们生发出一种优越感。而且，拿大人物开涮更容易获得幽默效果，你若想轻松制造出让人捧腹的笑话，可以大胆地试试这一法宝！

拿大人物开玩笑，首先就要找准对象。什么国外政治首脑、演艺圈亮眼的明星等等，都可以成为我们的笑料。

美国脱口秀主持人杰伊·莱诺：你是在听布什领导班子开会

杰伊·莱诺是美国全国广播公司的脱口秀主持人，他经常在节目里拿总统开涮。他认为布什的医疗改革是失败的，但布什却自我炒作，于是他毫不留情地揶揄和讽刺说：“现在，美国公众都怀疑布什总统雇用电影演员假充记者，为自己的医疗改革大唱颂歌。换句话说，美国人坐在电视机前以为自己是在看新闻，而实际上他们在听布什领导班子的自己人在开会。”

美国人对于政治十分热衷，新闻媒体也开设了许多政治性喜剧节目，这使得美国的男女老少对政治都怀有一定的热情。这种全民政治热，也使得政治在美国人眼里显得并不那么严肃，甚至成了大众的笑料，所以经常看到一些脱口秀主持人肆无忌惮地在电视上揶揄、讽刺国家首脑。这种讽刺带有极大的幽默效果，这也是政治性喜剧节目可以经久不衰的原因。试想一下，如果杰伊·莱诺不拿大人物开涮，他的节目还有什么看头呢？

黎巴嫩报纸：总统终于选出来了

2008年4月1日，黎巴嫩一些主要报纸都散发了这一传单：总统终于选出来了！对此，传单还进行了详细阐述，它说在阿拉伯国家联盟首脑会议结束以后，阿盟秘书长穆萨来到黎巴嫩同各政治派别会面，在达成一致后，议员们马上前往议会，投票选举出了新总统。这份传单还说，那些曾经相互为敌的政治派别领导人热情地互相拥抱，并且召开了一个鸡尾酒会，来庆祝选出新总统。

当日看到这张传单的读者们无不捧腹大笑。

这个幽默有着很复杂的政治背景。在黎巴嫩，由于议会多数派和反对派的分歧难以调和，总统选举已经被17次推迟。这使得自前总统拉胡德离任以来，黎巴嫩总统的位置一直空缺。于是，黎巴嫩的报纸趁着4月1日愚人节这个日子，拿政府开起了玩笑，不仅娱乐了大众，更表达了黎巴嫩人民希望尽快选举出总统、结束政治纷争的心声。

在国外，人人都敢拿大人物开玩笑，但在中国，人们更擅长拿小人物开涮，或者埋汰一些人人都敢开罪的公众人物。比较常被拿来开涮的有“长脸”李咏、“光头”葛优、“歪嘴”崔永元等等。譬如，某次活动评选了中国最美50人，其中章子怡和葛优力压群雄，共同当选为“年度人物”。

领奖时，章子怡拿葛优开起了玩笑，说：“这个奖项很了不起，因为它不是以貌取人，要不葛大爷就不会出现在这里了。”章子怡话音一落，场下一阵哈哈大笑。

拿公众人物开玩笑不仅简便易操作，幽默效果直接明了，通常也不会引起纠纷。尤其是拿国外的公众人物开涮，比如本·拉登、萨达姆以及各国总统、首相等等，幽默效果常常出人意料。不过，我们在开玩笑时，还是要注意拿捏分寸，话一定不要说得太过火。话说得太尖酸刻薄，不仅听起来不幽默，还会给人留下不好的印象。

6. 肚子里准备些笑料，让你随时随地可幽默

英国前首相狄斯累利有一次演讲十分成功，有个年轻人向他祝贺说：“您刚才那席即兴演说真是太棒啦！”

狄斯累利回答道：“年轻人，这篇即兴演说稿我准备了 20 年。”

20 年未免夸张，但也说明了一个问题，想让自己的言谈幽默、游刃有余，就需要花时间去储备一些笑话、故事、趣闻或妙语。这些幽默的小素材说不准在下次谈话中就会被用到，帮助你打动人心。这种收集的过程也是创造的过程，只要能够持之以恒，并经常利用，慢慢地自然会积累起幽默的能力，让你的言谈风趣活泼，从而让你变成一个受欢迎的人。

一般来说，每一段幽默的言谈都会有一个中心故事。这个中心故事是基准，我们只要在它的基础上加以变通，就能使它适合任何话题，不仅可以使你的言谈变得幽默诙谐，还能在此基础上衍生出一系列笑料，让所有人捧腹大笑。

金庸回应武侠小说的影响：如若是一把菜刀，既可以用来切菜，也可以用来杀人。

有一些学者在媒体上对金庸的作品做出过这样的评价："电视和武侠小说中有很多打斗场面，小孩会模仿，会给青少年带来不良的影响，应该限制。"对此，金庸给予这样的回复："有人攻击武侠小说，认为小孩看了会模仿，也上山学道去了。我想这个责任不应该由武侠小说来承担，这就如同是一把菜刀，既可以用来切菜，也可以用来杀人。""一把菜刀"的比喻信手拈来，如同肚子里早就储备好的笑料，既显示了金庸的机智和幽默，也把这样一个看似理不清的问题说明白了。

英国小说家吉卜林：目前我们的内阁就是这种情况

一次，小说家吉卜林向一个英国政治团体发表演说："我年轻时在印度当记者，专门报道犯罪新闻，因此认识了一些骗子、拐骗公款者、谋杀犯以及一些极有进取精神的正人君子。那时候，我在报道了他们被审的经过后，会去监狱看看这些正在服刑的老朋友们。我记得有一个人，因为谋杀而被判无期徒刑。他是个聪明、说话温和有条理的家伙，他把他自称的'生活的教训'告诉我。他说：'以我本人做例子：一个人一旦做了不诚实的事，就难以自拔，一件接一件不诚实的事会一直做下去。直到最后，他会发现，他必须把某人除掉，才能使自己恢复正直。'"

听到这儿，场下的观众已经笑成一团。不过，吉卜林的谈话还未结束，他又顿了顿继续说道："我想，目前的内阁正是这种情况。"

吉卜林话音一落，场下立即爆出雷鸣般的掌声。

这段旧闻旧事，就是吉卜林幽默言谈的中心故事。他没有平板地陈述这段回忆，而是幽默地围绕这一故事，渲染了一些近乎怪诞的趣事，从而建立起自己和听众的沟通点。不过，吉卜林更高明的地方还在于，他不是为讲故事而讲故事，这个幽默故事成功地帮助他进入政治话题，不仅深刻地说明问题，更为演讲增光添彩，引得全场捧腹大笑。

这是一种常被学习仿用的幽默方法。只要话题符合，意图明确，你也可以稍加尝试，让你的言谈更有趣，谈话内容也会变得更加丰富、深刻。

日常听见的幽默语言和段子、幽默风趣的素材等等，我们都可以拿来作为自己的语言材料。如果词汇不够，材料不足，幽默的意味也会贫乏。比如，多积累一些俏皮话，一些谚语、典故，一些有趣的故事等等，都能让你的幽默技巧得以迅速提升。

不过，有些人肚子里有很多笑料，却无法把它转化为幽默的言谈。如果你就是这种人，应该学会时刻暗示自己，鼓励自己见缝插针，遇到合适机会就把这些笑料加到谈话中去。但在运用这些笑料时一定要注意，穿插进来的内容要同话题有关，这样才能起到说明、交代、补充的作用，如果和话题毫不相关，会让对方摸不着头脑，反而会让气氛尴尬。穿插衔接要尽量自然，可以把材料适当改编，而不仅仅只是生搬硬套，这样才能产生顺水推舟、水到渠成的自然效果。另外，穿插的内容要适度，不能过多过滥，否则会喧宾夺主，中心旁移。

在穿插笑料的同时，我们还得注意速度，太匆忙和太缓慢都不能达到预期的效果。练习得越多，你就越容易掌握速度，把时间控制得恰到好处。

如果有心，我们还可以就地取材来幽默。日常生活中，有很多富有特点的人或事，如果巧妙地往里面注入一些幽默的因素，就能使之变成得心应手的幽默材料，可以使谈话更自然、更有趣，让气氛更和谐、更温馨，自然可以使你成为更受欢迎的人。

7. 简单易学的幽默技巧

模仿是最容易制造喜剧效果的幽默方法之一。

一位美国女教师总爱板着面孔上课，动不动就批评学生，弄得学生怨声载道。一次她在课堂上提问："'要么给我自由，要么让我去死'这句话是谁说的？"

"1775年巴特利克·亨利说的。"有人用不熟练的英语答道。

"对。同学们，刚才回答问题的是日本学生，你们生长在美国却回答不出来，而来自遥远的日本的学生却能回答，多么可怜啊！"女教师借机讽刺了一下其他同学。

"把日本人干掉！"教室里传来一声怪叫。

女教师气得满脸通红，问："谁？这是谁说的？"

"1945年，杜鲁门总统说的。"

这位同学话音一落，全场一片哄笑，就连那位日本学生也忍俊不禁，哈哈大笑起来，老师也跟着笑了起来。

瞧，这就是模仿的魅力。

有人说模仿是一种抄袭，事实上它更多是一种学习，我们不仅可以模仿原来语境中的语言要素，还可以模仿一些幽默大师，一些搞怪的动作、一些独特的声音等等。这种幽默的技巧简单易行，也更容易为自己和别人带来快乐。

模仿虽然简单，但想要制造出理想的幽默效果，还需要认真把握。如果善于形体模仿，可以尝试用直观的形象来创造喜剧效果；如果头脑机智灵敏，肚中有墨，则可以利用语言模仿来创造幽默，这种巧妙模仿出来的幽默不仅有趣，还能成为你的有力武器。

第 19 届金曲奖颁奖典礼：四位主持人的精彩模仿爆笑全场

2008 年 7 月 5 日，第 19 届金曲奖流行类颁奖典礼在台北小巨蛋举行。为了增加颁奖礼的喜剧效果，四位主持人纷纷进行了精彩的模仿。陶晶莹自备特粗金项链扮麻吉大哥，侯佩岑饰演歌手张惠妹要求电扇随身吹，大 S 模仿蔡依林用假腿做瑜伽拉筋，小 S 则扮演周杰伦演唱，结果引得大家尖叫连连，现场气氛非常活跃。

形象模仿的不协调感，可以制造出极强的喜剧效果，很多娱乐节目都把模仿元素纳入其中。这种幽默浅显、生动，虽然内涵不足、含义不够深刻，但不可否认的是，这种无限制的夸张模仿是获得笑料的良好途径。如果你是位幽默新手，形体模仿力又很强，那就不妨学学这种模仿式的幽默，要制造笑料真是轻而易举。

丹麦童话作家安徒生：你帽子下面的那个东西是脑袋吗？

丹麦著名的童话作家安徒生一生简朴，衣帽旧了也不嫌弃，常常戴着一顶破帽子在街上溜达。一天，他在街上遇到个无礼的家伙，指着安徒生的帽子嘲笑道："你脑袋上的那个东西是个什么玩意儿？是帽子吗？"

安徒生并不生气，他不紧不慢地回敬道："你帽子下的那个东西是什么玩意儿？是脑袋吗？”

安徒生的这句模仿，是把对方现成的句式加以套用，稍加变动就制造出含义深刻的幽默。这种仿造方法主要用于对话中，即仿造一个内容不同，但语气和语句结构一致的句子作为答语。这样的答话很容易现场发挥，听起来又非常幽默风趣。比如上文中的安徒生，他更借机出神入化地讽刺了提问者的头脑简单和无理。如果你也遭遇对方无理的问题，也可以尝试这样的仿句幽默，就其荒谬的无理要求进行模仿，不仅可以成功地把刁难人的皮球踢还给对方，又能凸显你的幽默风趣、有风度。

“三人行，必有我师”，善于向别人学习是取经最快的学习方法，尤其是向幽默大师学习，学习他们的幽默经验，模仿他们的幽默案例等等，这些都可以成为提升个人幽默感的一条捷径。

譬如模仿幽默大师卓别林，你只要准备好小胡子、细手杖、大号裤子、尖头皮鞋，外加歪歪扭扭的黑色晚礼服，就可以轻松出场秀模仿了，即便你模仿得不很像，也一定会获得令人惊喜的喜剧效果，因为模仿这件事情本身就很滑稽。正如柏格森在《论笑》中所说的那样，“滑稽就好像是镶嵌在活东西上机械的东西”，在瞬息万变的生活中，突然插进一个不伦不类、机械死板的模仿，当然好笑。

除了那些幽默大师、各种公众人物外，某些不协调、不合理、不得体的举止都可以用来模仿。有很多滑稽演员专门模仿这些动作来表演，逗笑观众，因为这些举止会激起观众一种惊奇的情绪，而惊奇和喜悦的情绪比较接近，人一旦产生了情绪，就会通过表情传达出来，而笑可以很好地释放压力。所以当我们看到有人在台上模仿跌倒时，刚开始可能只是小小的惊讶一下，随即发现跌倒的人没有大碍时，就会发笑，从而及时地把自己的情绪宣泄出来。

需要注意的是，模仿幽默不能太过生硬，生搬硬套虽然有一定的喜剧效果，但若始终停留在这一阶段，就会让人觉得乏味无聊。而且，单一的模仿不能太频繁使用，也不要全身心地专注于对某一人的模仿。毕竟，被模仿对象只是你的幽默素材而已，可千万别丢失了自己的特性，沦为模仿的奴隶。

8. 用幽默话语来代替握手

雷格威是美国知名幽默杂志的主编，对幽默有着自己独到的见解。他说，原始人见面握手，是表示他们手上不带武器；现代人见面握手，是表示我欢迎你，并尊重你；而用幽默来代替握手，则是有力地表示我喜欢你，我们之间有着可以共享的乐趣。

幽默的作用就是如此巨大。在社交场合，用一两句幽默的言谈代替握手，可以让对方见识到你的友善、机智和风趣，可以迅速消除时空距离感。我们每个人都应该在交往中把握好、运用好幽默的开场白，让陌生人一见就对你产生好感，这样就能为成功交际打下良好的基础。

与不熟悉的人第一次见面时，难免会出现紧张的情况，对方也会对你抱有戒心。这时应该抢占先机，适时地幽默一下，如果能够在会面过程中让对方发笑，那么会面就已经成功了一半。

美国第 16 任总统林肯：怎么样，当总统滋味如何？

一次，林肯总统在白宫会见某国总统。对方本想礼貌地握手寒暄，没想到林肯出人意料地冒出这样一句话：“想不到您个子比我还高呢，怎么样，当总统滋味如何？”

那位总统先生惊愕地睁大了眼睛，不知林肯有何用意，便反问说：“您说呢？”

“我感觉到天天像吃了火药，总想放炮！”林肯说完哈哈大笑，惹得全场人都笑了起来。

两国总统会谈，自然免不了要为本国利益作一番斗争。虽然都要握手寒暄，但那是做给旁人看的，心里难免存在芥蒂，并为接下来的利益厮杀作准备。可是，林肯总统打破常规，不握手，不寒暄，突如其来地制造了这一小幽默，使得现场气氛立即活络了起来，就连那位怀有戒心的总统先生也不免大笑，接下来的会谈自然也变得和谐顺畅起来。

一般情况下，我们擅长在熟悉的人面前，比如在朋友、家人面前运用自如的使用幽默，而在陌生人面前就很难放得开，容易出现拘谨的情况。不过，从实际效果来看，越是在陌生人面前，能够巧妙的使用幽默，就越能显示我们的水平；也能更有效的消除隔膜，给对方留下美好的第一印象。

然而，对于初次见面的陌生人来说，由于对对方的情况不很了解，所以不要随便拿对方开玩笑，以免双方都很尴尬，甚至得罪人。所以，最保险、最简单的方法就是开自己的玩笑，因为对自己是最了解的，可以手到擒来，也不会惹来麻烦。

如果你不善言辞，在陌生人面前放不开，总是很难表达出自己的所思所想，那可以去尝试在其他地方做手脚，比如最常见的名片。很多人在与人初次见面时，都会主动奉上自己的名片，内容多是一板一眼的姓名、电话以及职务等等。可有些人在名片上就拿自己开涮，譬如著名的剧作家沙叶新。沙叶新的名片很有趣，上面画着他自己的漫画像，旁边写着：“我，沙叶新，上海人民艺术剧院院长—暂时的；剧作家—永久的；某某理事、某某教授、某某顾问、某某副主席—都是挂名的。”这张名片幽默诙谐，人们拿到手一看就会忍俊不禁，不仅拉近了彼此的距离，也能让大家印象深刻，看到一个更加真实、亲切、富有生活情趣的沙叶新。

除了开自己的玩笑，大家平时还要多听听别人说的趣事，随时增加自己的幽默资源。就算是在一些公众场合，也要留心周围的信息和趣味，说不定这些信息就会成为你下一次幽默的素材。很多时候，只要能够让人笑，让人对你产生好的印象，就等于在获得好人缘的路上成功了一半。

9. 别拿他人的伤疤当笑料

我们经常在舞台上看到有人模仿口吃表演，有人会模仿得惟妙惟肖，甚至会博得满场喝彩，但表演者却往往忽略了，这样的表演可能会有意无意地触碰到某些人的痛处。

有些人开玩笑喜欢“损人”，个子矮的、脱发秃顶的、身材肥胖的、胆子小的等等都是他们的嘲笑对象。这种笑话一般人听了不以为意，或者一笑而过。但若你的听众中偏偏就有这样的人，又生性敏感，他就会很受伤，心胸不够开阔的可能还会认为你是专门针对他、羞辱他。所以，一定不要拿别人的伤疤和不足当笑料，幽默有很多种方式，我们更应该学习那些具有穿透力的、高雅的幽默。

真正的幽默大家很少拿别人的不足当笑料，相反的，当别人因为不足、隐私、伤疤等等身处窘境时，他们还会挺身而出帮助其化解尴尬。这种幽默，才是真正高雅的、引人深思的幽默。

德国铁血首相俾斯麦：白兔已经跑到最高法院上诉了

俾斯麦很喜欢和朋友外出打猎。一次，俾斯麦应邀和一名法官去打猎，两人正在草丛里寻找动物时，一只白兔突然窜了出来。

“啊哈，那只白兔已被宣判死刑了。”法官先生扬扬得意地说，随即扣动了扳机。

可惜的是，这枪并未打中，白兔跳着逃走了。法官先生有些窘迫，为自己刚刚夸下的海口而脸红。俾斯麦见到这种情形，连忙大笑着对法官说：“看来，这只兔子对你的判决不太服气，已经跑到高等法院去上诉了。”

俾斯麦说完，两个人相视一笑，一场尴尬就此化解。

俾斯麦的幽默非常人性化，他没有针对朋友的枪法出言贬损，反而主动帮助朋友解困。这种幽默避免了尖锐对立，让人觉得亲切、友善、鼓舞人心，更使俾斯麦的形象大幅提升。相比之下，生活中很多人喜欢抓住别人的弱处开涮，虽然当下可以制造笑点，但这样的人一定会遭人厌恶，注定不会成为一个成大事的人。

真正懂幽默者不仅要让人们笑，还必须要让人们心悦诚服。所以，我们在开玩笑时必须注意内容健康、格调高雅，不要拿别人的不足、缺陷、隐私开玩笑，不能把自己的快乐建立在别人的痛苦之上。如果你的幽默不当，刺伤了人家的自尊心，或者揭了对方的伤疤、隐私，非但达不到幽默的效果，甚至会造成恶劣的后果。即便对方修养很好，也必定会缄口离开，从此和你划清界限；如果对方修养一般，很可能会反唇相讥，无谓的增加一些口舌之争。

当然，像苏轼和苏小妹那样，在熟人身上开开玩笑也无所谓，但仍要注意对象的选择。有些人生性敏感，即便你们关系亲密，和他开玩笑也要把握分寸，绝对不能碰到对方痛处，要尽量地给予尊重。

如果你的玩笑已经开错，损伤了别人，要学会第一时间把话题引向自己，通过对自己的攻击、贬损、自嘲来消除对方的敌意，转移对方关注的焦点。比如你和人争论时有点激动，不小心出言伤害了对方，这时要赶紧刹住话匣子："真对不起，我简直就是一只斗鸡，动不动就激动，到处乱啄人。"对方听了这话一定会一笑置之，不再怪罪你。

你这样一番话出口，可以不露痕迹地照顾到对方的自尊心，同时巧妙地使紧张的气氛得以缓和，让对方不再介意。当然，你这一番自嘲要努力说得幽默点、真诚点，不要说得太虚情假意，否则那就成火上浇油了。

第2章

发挥联想，轻松提高幽默力

幽默需要通过语言文字来表达，文字驾驭能力的高低，往往也体现着幽默能力的高下。这种幽默文字，当然不是老老实实的文字，我们的汉字拥有很多的音近字、意近字、多音字，还有很多的语法技巧，我们需要运用智慧、头脑与种种驾驭文字的技巧，对它们进行改造，就能在看似平淡的语言中产生幽默意味，使表达带有一种引人发笑的能力。

幽默的技巧并不难学，它就是一种语言方法，汉语的含蓄、启发式语言、隐喻等等，都符合了幽默的这一创造原则，这就使幽默的发生变得更加简单容易。掌握了文字幽默的基本技巧，可以使你对幽默的应用更加得心应手，与人的交往也会如鱼得水，让你变得更加善解人意、灵活机智，从而为自己的人生增添更多乐趣，也更容易获取成功。

1. 玩转文字游戏

1924 年 5 月，林语堂在《晨报》副刊发表《征译散文并提倡“幽默”》，文中他首次把英文中的“humor”译成“幽默”。幽默一词原出自《楚辞·九章·怀沙》，诗中有“眴兮杳杳，孔静幽默”的句子，但这时的幽默意为寂静无声，和笑没一点关系。不过，林语堂大胆使用“幽默”翻译“humor”，因为他认为“凡善于幽默的人，其谐趣必愈‘幽’隐，而善于鉴赏幽默的人，其欣赏尤在内心静‘默’”。

对于林语堂的翻译，当时很多人持反对意见。翻译家李青崖认为应该译为“语妙”，语言学家陈望道认为该译成“油滑”，语言学家唐栩侯则认为应该译为“谐穆”。不过，林语堂最终成了这场文字游戏的赢家，汉语体系中的“幽默”一词，才真正拥有了幽默的含义。

从这个小故事看来，喜欢咬文嚼字又富于联想的中国人应该很擅长幽默，因为很多幽默都是从语言文字的巧妙置换中得来的。这种幽默不仅可以娱乐后人，更可以娱乐当下的自己及周遭的人们。

张爱玲曾经说过，“西方人的幽默是小丑，中国人才是真正的幽默大师。”这句话有些偏颇，但也从另外一个角度认可了汉语的幽默功用。

真人秀节目《我知道》节目中崔永元：你父母都好吗？他们喜欢我么？

在四川卫视的大型益智类真人秀节目《我知道》一期节目中，一位身材高挑、极富才气的美女作家出场后，作为导师的崔永元和郭敬明双双看好，纷纷抛出橄榄枝。当这个女孩自称是郭敬明的粉丝时，郭敬明抛出飞吻，高兴地说道："叫我小四哥哥，别叫我郭老师。"二人之间的亲密互动让崔永元很是羡慕，他问这个女孩："像我这种年龄，应该和你父母同岁。你父母都好吗？他们知道我么？他们是不是很喜欢我？"女孩微笑着摇摇头，见打的这招感情牌没有用处，崔永元感叹了一番"廉颇老矣"后，又使出一招："你作为一个作家，想著作等身太不容易了，毕竟你的个头这么高！"在这样严肃的节目中，在些许尴尬的气氛中，崔永元善于使用幽默，对一些文字进行巧妙地运用，在戏谑美女作家的同时，又调侃了一下对手的身高，让现场气氛欢乐融融。

北宋石曼卿：亏得我是石学士，要是瓦学士，还不得摔得粉碎

北宋有一位名叫石曼卿的学士，一次出游时，由于马夫疏忽，马受惊跃起，把石学士生生地摔到了地上。随从慌忙将他扶起，马夫更是战战兢兢，以为免不了要挨顿臭骂，可谁知石曼卿只是大笑着说："亏得我是石学士，要是瓦学士，还不得摔得粉碎？"

石曼卿摔倒后，不说"我摔得不疼""马夫没关系"等话，反而说了句"石学士""瓦学士"的话，看起来似乎和当下发生的事无关。可就是这一"石"一"瓦"的置换，让人们明白了他的真实内心。这种语言文字的巧妙置换，出乎意料，听着也非常有趣，这显然就是一种经过艺术加工的语法，是创造性的语言。这种巧妙的艺术加工，就是一种独特的幽默。

这种幽默的创造并不难，我们的汉语文字不是由字母或字符构成的，而是由许多的偏旁部首组合起来的，千变万化，纷繁复杂，我们只要稍微

花些心思，就能在汉语文字的字里行间创造出引人深思的幽默。

通常来说，一个审时度势、知识广博的人，会比较容易做到谈资丰富、妙言成趣。所以，要培养幽默感必须广泛涉猎，充实自我。当然，知识的充盈并非一天两天的事情，如果你想寻找一条培养幽默感的捷径，那就不妨从语言文字上下点工夫。

譬如那个经典问题：人类先有男人还是先有女人？如果你一本正经地讲起进化论，恐怕谁都没有兴趣听，倒不如用文字开个玩笑，这样回答对方：当然是男人了，因为我们男人被称作先生啊！这个小幽默与石曼卿的“石、瓦学士”有异曲同工之妙，你只要把汉语稍稍加工，就能取得这种幽默效果，非常容易引得众人发笑。

再比如很多剩男剩女被人追问何时结婚，长辈啦，同事啦，朋友啦，整天在他们面前耳提面命：你都这岁数了，该找个老婆（老公）了。这种事被问多了，会给人造成很大的困扰，可你若是故作严肃地说自己不急，对方肯定会叨咕叨咕地劝起你来没完没了。如果你正遭遇这一问题，倒不如故作认真地戏谑道：“是呀，我也正想找呢，可茫茫人海，我到底该找谁的老婆（老公）呢？”

听了你这样的回答，对方一定会哈哈大笑，趁着他大笑的当儿，你就赶快开溜，免得又被强拉着上那没完没了的男婚女嫁的婚恋大课吧！而且，这种幽默简单易于创造，它就是一种语言创造法，汉语的含蓄、启发式语言、隐喻等等，正符合了幽默的这一创造原则，这就使幽默的发生变得更加简单容易。而且，我们中国人向来习惯于用含蓄、曲折的方式表达看法，我们只要避免直叙表达，就能取得这种出人意料的幽默效果，创造出属于自己的语言文字幽默。

2. 大词小用，幽默笑料层出不穷

汉语的词汇极为丰富。词义、感情有褒有贬，色彩有庄有谐，范围有大有小，语意有轻有重。这些，在运用时都应考虑周到，稍有疏忽就会出错。譬如，当你在形容一件小事时，偏偏选用了表示范围大、语意重的词，就会造成大词小用。不过，在一些语境当中，故意大词小用也能产生意想不到的幽默效果。而且，这种幽默的应用范围极其广泛，即便你没有太多的幽默细胞，也能运用这一方法轻松地幽上一默。

在与人交谈时，适当使用大词小用幽默法，可以让笑料层出不穷，逗得大家捧腹不已。下面，列举几个示范故事，认真揣摩一下，你就能发现其中的奥妙。

当代作家冯骥才：请把孩子带到地球上来

一次，朋友带着妻子和儿子来冯骥才家拜访，双方相谈甚欢。

谈话间，冯骥才突然发现，朋友的孩子穿着鞋子跳到了他雪白的床单上，可朋友和妻子并没有看见。冯骥才不忍床单被蹂躏，连忙微笑着对朋友说：“请把孩子带到地球上来吧。”

经冯骥才提醒，朋友这才发现孩子闯了祸，连忙大笑着说："好，我和他商量商量。"

孩子穿鞋跳到床单上，这是很让人抓狂的行为。不过，冯骥才没有表现出不满的言辞或情绪，因为这样可能导致双方的尴尬。所以，冯骥才玩了个大词小用的花招，把"地板"换成了"地球"，这样话语所表达的意味就大不相同，那淘气的孩子似乎成了一个宇宙战士一般，他的鞋子和床单之间的矛盾就被淡化了许多，孩子的"新身份"成功地掩盖了一切。这样双方会心一笑，问题迎刃而解，谁都不会觉得尴尬。

现代作家郁达夫：现在也该轮到我压迫它了

一次，郁达夫请朋友上饭馆吃饭。他害怕弄丢了钱，就把钱塞在了鞋垫底下。

饭毕，郁达夫大大方方的脱了鞋子，从鞋垫底下抽出几张钞票，准备去结账。朋友见到这一幕十分不解，疑惑地问："你这是？"

"哎！"郁达夫风趣地说，"这个东西过去一直在压迫我，现在也该轮到我压迫它了！"

把钱塞到鞋垫底下，这看起来多多少少有点"失身份"，可郁达夫并不感觉尴尬，反而来了个大词小用，幽默地调侃了自己一番。在郁达夫的话语中，"压迫"二字是政治术语，本应用到庄重而严肃的场合，可郁达夫却拿来自嘲，用来解释自己把钞票藏在鞋垫底下这种无足轻重且滑稽可笑的小事，让人在轻松一笑中感受到了他的率真和可爱之处。生活中，我们也可以时不时地尝试一下大词小用幽默法，简单易创造，幽默效果却非同小可，常会逗得人捧腹大笑。

大词小用的幽默方法比较易于掌握。首先，你可以尝试把一些意义重大，较常在大场合、大事件等语言环境中使用的词语，用来描述一些细小的、次要的事情。这种错位使用，可以使所用词的本来意义与所述事物内涵形成巨大差异，造成一种词不符实、对比失调的关系，从而破坏了平衡，产生了幽默。

比如，你和好友不再来往，你可以说已经和他“断交”。而后来，你们又和好如初，你便可以说“我们又恢复了外交关系”。这样用用语分量重、语义范围大的词语来描述小事情，可以使你的话听起来非常好笑。

需要注意的是，大家在“大词小用”的问题上不能太拘泥，应根据自己的理解灵活运用。譬如一位平凡的美国妇人，她称赞自己的儿子比林肯总统还要聪明。她说，我的儿子 6 岁就会念葛底斯堡演说词了，可林肯到 50 岁时才会念。葛底斯堡演说词是林肯在南北战争期间所做的一篇著名演说，至今仍被广泛传颂。这位妇人当然清楚自己的儿子未必比总统更高明，但是她很为儿子开始学习总统的演说词而高兴，便故意采用这种夸张的方式赞赏儿子。这也是一种大词小用的幽默。

除了大词小用，我们也可以适当尝试小词大用、贬词褒用和褒词贬用等等，使用得当也能产生同样的幽默效果。譬如有人形容自己爱看书，而且年龄越长越爱书，就说自己的“野心”随着年龄“膨胀”，开始了“殖民扩张”，各种图书都成了他的涉猎对象等等。“野心膨胀”“殖民扩张”本属于政治术语，常用在权术、侵略、战争之中，带有一定的贬义色彩。但这里用它形容对书的喜爱程度，反而产生出诙谐幽默的效果。当然，用词的技巧不止这些，大家也可以举一反三，创造属于自己的独特幽默。

3. 一语双关的含蓄幽默术

平时我们说话，向来“一是一”“二是二”，语言概念不能朦胧模糊，或者任意偷换，否则语意表达不明，与人的交流就容易产生问题。但是，幽默作为一种情感思维，就可以打破通常的理性逻辑规范，一语双关式的幽默就是很好的例证。

所谓一语双关式的幽默，是指在一定的语言环境中，利用语言的同义、谐意关系或能容纳不同内涵的概念，使你组织起来的语句，有意识地具有双重意义。简言之，就是“话中有话”。这种幽默方法含蓄委婉，生动活泼，风趣诙谐，能给人以意外之感，又能让人回味无穷。

一语双关式幽默的最大妙处在于，“言在此而意在彼”，你明里说东，实在说西；明里指桑，实则骂槐。这种言语中产生的另一层意思，往往带有一定的幽默效果，而且是一种含蓄的幽默，需要对方静下心来去领悟。

记者问崔永元：郭德纲和周立波，您更青睐哪一位

在一次媒体活动中，有记者挑衅似的问崔永元：“周立波和郭德纲，您更青睐哪一位？”面对这样一个二选一，怎么回答都会引起话题的问题，崔永元笑道：“他们二位我都喜欢，他们的表演风格不同，如同不同的戏曲门类，京剧、沪剧都各有特色。”

记者接着问：“如果让你们3个名嘴来个PK一番，你预料结果会怎样呢？”

崔永元呵呵一笑道：“那就让他们俩去争夺亚军呗！”看起来如此“大言不惭”，却一语双关，充满智慧的应对了难解的问题。

清朝内阁大学士刘墉：国库银子不够用，是因为“河深”

和珅是乾隆年间有名的大贪官，只因得到乾隆皇帝的宠幸，谁也不敢对他有所微词。

乾隆皇帝死后，嘉庆皇帝继位。嘉庆皇帝觉得国库的进项不少，可就是不够开销，于是问刘墉：“刘爱卿，国库年年进了许多银子，怎么就是不够用呢？”

刘墉连忙抓住机会回答说：“银子都掉进河里去了！”

“掉进了河里？为什么不捞啊？”

刘墉微笑着点破谜底：“河深哪！”

刘墉的这一语“河深”，使嘉庆皇帝立即明白了怎么回事。后来，嘉庆皇帝派人四处查访，终于查清了和珅贪污国库银子的事实，最终将和珅处以极刑。刘墉的这一幽默带有一定的试探性质，如果实名弹劾，恐怕会引起和珅的不满，最终惹祸上身。所以，他借此机会，采用了一语双关式的幽默，含蓄而委婉地表明了自己的真正意愿。

这种幽默难度较大，你必须找到一个能容纳不同意思的词汇，而且要让自己所要表达的含义在这一词汇中同时显现。不仅如此，你还要注意使这二者互相冲突，至少要不相协调，这样才能产生极强的喜剧色彩，幽默感也就强。

文学家鲁迅：这么多年我到处碰壁，把鼻子碰扁了

一次，鲁迅和兄弟、子侄们坐在一起谈话。侄辈们望着鲁迅和周作人两兄弟，突然好奇地问鲁迅：“伯伯，你鼻子怎么是扁的？”鲁迅不假思索地答道：“这么多年我到处碰壁，生生地把鼻子碰扁了呀！”

鲁迅的这一回答，逗得兄弟、子侄们哈哈大笑。

说完这个笑话后，鲁迅自己也笑。孩子们当然听不懂这个幽默的深刻含义，以为真的是墙壁碰扁了鼻子。其实，鲁迅的回答是一语双关，这“碰壁”二字，既是对社会现实的不满，也是对自己坎坷经历的自嘲，又巧妙地回答了造成“扁鼻子”的原因。这一幽默利用了词语的多义性，使语句所含的内容产生两种不同的含义，帮助鲁迅表达了自己的思想和情感，并创造出一个精妙、深刻的哲理幽默。

和其他幽默比起来，双关语是一种机智幽默，它们很少能引起大笑，更多引起的是微笑。双关语的基本手法包括衬托、扩喻、比拟、婉述、对错等等，它要求人们把幽默的语言看作是精神游戏，从而产生一种全新的趣味横生的幽默。中国人很喜欢一语双关式的幽默。这种幽默有一定难度，需要在运用之前必须找到一个能容纳不同意思的概念或词语，还要使两个概念在具体上下文中同时显现。运用一语双关，可以把你的攻击锋芒掩盖起来，让对方在你看似温和的言辞中，明白你真正的意图。它的效果将使你的智慧、情感和人格得以升华，使你的社交、交谈立于不败之地。

打个比方，有个很熟悉的人向你借钱，并要求你替他保密，而你并不想借钱给他，应该怎样拒绝他的请求？直接回绝或许有些不妥，你倒不如故作神秘地对他说：“你放心，我一定替你保密，这事儿我就当没听见一样。”这里的“就当没听见”，不仅指对方的保密要求，也暗含了对方借钱的要求。既然没听见借钱的要求，自然也不会借钱给他。这个小幽默的精妙全在于此。

一语双关的幽默不仅中国人使用，外国人也很擅长；而且，不论中外都常以同字异义词为媒介。美国的心理学家赫伯·特鲁是个很幽默的人，常常自我调侃以拉近和年轻人之间的距离。譬如，他担心年轻人有惧于自己的学术权威，便拿自己的学位调侃道：“我是有 degrees（学位），但是你们可别被它吓住了，因为温度计也有 degrees（度数）啊！”

特鲁的这个小幽默就是一语双关，因为 degrees 这个词汇有两个含义，一为学位，一为刻度，把二者用于同一句子表达不同的含义，使学位的尊严与度数的无足轻重形成鲜明对比，喜剧效果就此而生。他这样主动拿自己的学位来幽默，使得大家觉得他是个和蔼亲切的人，自然也愿意和他交谈、亲近。

4. 戏剧化的自相矛盾幽默术

“矛盾”这个词本源于《韩非子》中那位卖矛和盾的生意人，表示事物之间的强烈冲突，有很强的喜剧色彩。现代生活中，我们常说的自相矛盾是指人物言行不一，言语前后冲突，行为相互抵触。

矛盾也是我们制造幽默的重要手段。在与人交谈时，通过使话语明显的前后不一、自相矛盾，可以使前后抵触形成巨大的反差，这首先会引起人们的震惊，但往往震惊之余，人们会通过大笑来宣泄自己的情绪，从而形成幽默。这种矛盾法构成的幽默，一般都有嘲讽的意味，还能让人在笑声中领悟道理。

自相矛盾的幽默就其功能来分，有两类：一是自我暴露的，一是讽喻他人的。自我暴露式的幽默往往有故作蠢言、自我调侃的特点，纯属调笑，用于拉近人际关系；而讽喻他人式的幽默，则可以一针见血地刺到对方痛处，有极强的戏谑效果。我们可以根据特殊的谈话需要，采用不同的矛盾制造幽默。

英国前首相丘吉尔：我就是冒牌货

一次，丘吉尔驱车前去参加宫廷演讲。由于时间紧急，他不得不超速开车，不巧被一名执勤的年轻警员逮住了。

“我是丘吉尔首相，正急着去参加宫廷演讲。”丘吉尔为自己开脱。

“乱说，你一定是冒牌货！”年轻警官不相信他的话。

丘吉尔见状，便哈哈一笑说：“被你猜对了，我的确是个冒牌货！”

警官看了看丘吉尔，也跟着笑了起来，随即放过了丘吉尔。

丘吉尔在一本正经表明身份的时候，年轻警官无论如何都不肯相信。于是，丘吉尔故意否认自己的真实身份，使自己的言谈前后矛盾，这种自相矛盾的表述，不仅制造了一种幽默氛围，更使那位年轻警官有些摸不着头脑，摸不清虚实。两个人哈哈大笑过后，年轻警官只得抱着一种“宁可信其有，不可信其无”的心态放过了他。这是一种非常实用的幽默方法，自相矛盾，虚虚实实，让对方摸不清你的虚实，只得在一笑中将大事化小、小事化了。

台湾学者李敖：我在家卧游已久

李敖的嘴巴很“损”，常常骂别人是书呆子、笨蛋。有记者对李敖此举不满，便和他玩起了文字游戏，打算就此贬损李敖一番。

记者问李敖：“你的笔下常出现‘书呆’‘蛋头’这类的字眼，可是你为什么没有自觉到，你自己就是个‘书呆’‘蛋头’？你一天要工作12个小时，睡眠少，出门更少，怎么能自称了解人间万象与真相呢？”

李敖听了不为动容，他轻描淡写地说：“康德一辈子也没离开过他家方圆八十里地，可是他是大思想家，而且他还教世界地理。教世界地理我也行，因为我在家‘卧游’已久。”

人们听了一阵大笑，周围人无不为他的巧思妙答而喝彩。

“卧游”，这是李敖随意编造的一个词，这个词本身就很矛盾，既然在家里“卧倒”着，又怎能出门远游呢？但是，李敖就是使用这个自相矛盾的词汇做反击的武器，根本不拘泥于什么语言逻辑，一切以自己所要表达的意愿为重，并因此产生了很好的幽默效果。李敖很有幽默感，他的口出狂言就与幽默有关。即便在别人对他进行中伤、侮辱时，他也不忘自吹自擂、故作大言，这就是一种聪明的幽默感。我们也不妨学学这种幽默，不仅可以让人见识到你的学识、度量、聪明机智，更会让对方的恶意攻击变得软绵绵，没了力量。

通常，说话是不能自相矛盾的，这是逻辑思维得以成立的起码条件。然而，逻辑上的自相矛盾，却是我们制造笑料的主要方法之一。为了使戏剧性更强，取得更好的幽默效果，我们还可以在矛盾互转以前把即将转化的矛盾加以强调，以混淆别人视听。前后反差越是巨大，越是荒谬，就越容易让人捧腹大笑。

譬如有好友向你借东西，你可以先放出豪言：“嗨，借什么借嘛，我的就是你的，你只管随便用就好了！”可等你交出东西时，赶紧自相矛盾幽默一下，比如借给对方的是雨伞，便皱眉说：“你可得留心着点用，千万别把我的新雨伞弄湿了！”刚刚还放出豪言，紧接着却又叫他不能把雨伞弄湿，这就是一种自相矛盾。而且，前面的铺垫做得越足，就越能形成一种强烈的对比，增加了戏谑效果，让矛盾活了起来。

值得一提的是，大家在制造矛盾的时候要注意去营造一种不经意的效果，一定要沉住气，使谈话平稳自然，这样的幽默效果更佳。譬如上晚自习时突然停电，老师却一本正经地说：同学们先别走，等电铃响了再下课。明明停电，却还要等电铃响了再下课，这种在不经意间营造的矛盾效果更为可笑逗人，让人捧腹不已。

5. 正话反着说，反语幽默更耐人寻味

有这样一则宣传戒烟的公益广告：吸烟节省布料，因为吸烟易患肺痨，导致驼背，身体萎缩，所以做衣服就不用那么多布料；吸烟可以防贼，因为抽烟的人常患气管炎，通宵咳嗽不止，贼人以为主人未睡，便不敢行窃；吸烟可防蚊虫，浓烈的烟雾熏得蚊虫受不了，只得远远地避开；吸烟永葆青春，因为吸烟者不等年老便可去世。

这则广告完全没提到吸烟的害处，相反地却列举了吸烟的几大好处。可是，你若仔细品味，就会发现它虽在阐述好处，实际上却是在说吸烟的害处，它的字面含义与其所表达的深层含义完全相反。这就是一种正话反说式的幽默，正反话语的反差不仅令人发笑，还传达了非常深刻的意义，引人深思。

正话反说式的幽默手法，是造成含蓄和耐人寻味的幽默意境的重要语言手段之一，我们只要稍加运用，就能创造出让人回味无穷的反语幽默。

歌唱家帕蒂拉：很荣幸能用我的歌声为您伴奏

一次，帕蒂拉举行独唱音乐会，可钢琴师在伴奏时，竟然只顾着自己

表现，时不时盖过了帕蒂拉的歌声。帕蒂拉几次暗示，但钢琴师都浑然不觉。

演唱会结束后，帕蒂拉走到那位钢琴师跟前，热情地跟他握手，并极其谦虚地说："先生，今天我很荣幸能参加您的钢琴独奏会，并且能用我的歌声为您伴奏，特此表示衷心的感谢！"

钢琴师在歌唱家的独唱音乐会上喧宾夺主，这是一件很不礼貌的事情。为此，帕蒂拉也难免恼火，可他不好直接批评，便反话正说，热情地把原该批评的话通过表扬的形式表达了出来，让钢琴家在受到莫名其妙的表扬后，自觉去反省自己的失礼。如果你也遭遇这种问题，也可以尝试这种反话正说法，把话说得委婉一些，可以人为地拉开话题以及与对方之间的距离，弱化对方的不满和对自己的不利影响，给彼此都留下一个缓冲带。

前苏联总统赫鲁晓夫：如果想谈判失败，就任命他为代表团团长吧！

一次，赫鲁晓夫访问南斯拉夫，总统铁托及一些高级官员一同前来迎接。

在迎接的官员中，有一名高级官员十分反感赫鲁晓夫，出人意料地提出了挑衅性的问题。他对赫鲁晓夫说："俄国和斯大林对我们干了许多坏事，所以我们今天很难相信俄国人。"

气氛一下子紧张起来，冷场片刻之后，赫鲁晓夫走到这名官员跟前，拍着他的肩膀对铁托说："铁托同志，如果你想叫谈判失败，就任命这个人担任谈判代表团团长吧！"

赫鲁晓夫说完哈哈大笑，场内的紧张气氛终于得以缓和。

正话反说式的幽默，非常适合运用到政治场合。当政治家们在发生尴尬、遭遇不好应付的事情时，就可以采用这种幽默方法，主动从事物的另一面入手，转换其思维方式，另辟蹊径，不仅可以化解尴尬，更可以就此表达自己的真正意愿。这种政治幽默在社交场合也可使用，不会显得庸俗，更不会损害你的形象，反而能适时地表现你的风度、素养，赢得对方的好感，让人在忍俊不禁中领会你的真正含义。

反语幽默，不仅包括正话反说，也包括反话正说。只要你故意把话语说到相反的一面，就能达到这种幽默效果。不过，在具体制造这种幽默时，你首先得找到语言环境中的正反两种关系，然后采用语言符号和语调等辅助手段，故意把黑的说成白的，把白的说成黑的，让对方由字面的含义悟及其反面的本意。

反语幽默不仅可以作为沟通手段，拉近彼此距离，也可以当作一种反击手段。譬如你到餐馆吃饭，每盘分量都很少，你根本吃不饱。这时不妨和老板建议：“你家的菜肴很合我口味，只是盘子太大了！”这样提出建议，听起来客气，可实际上暗藏锋芒，带有很强的针对性，讽刺效果也很强。不过，正因为反语幽默针对性过强，我们更要注意分寸，要准确地把握对方的心境和环境情况，不能说得太过火。如果在这一点上粗心大意，那不但幽默不起来，而且可能冒犯了对方的自尊心，弄僵关系。

6. 打破语言逻辑，词汇“混搭”也幽默

说到词汇上的“混搭”，方文山是一个不得不提的人物。

方文山是周杰伦的御用词人，他笔下“中国风”的词带有很强的混搭色彩，常常使用流行音乐中不常用的词汇，与流行音乐进行“混搭”。譬如他写的《青花瓷》中，就有大量诸如“芭蕉”“骤雨”“仕女图”等词汇，这种戏剧的冲突反而能创造出新颖而优美的东西，使流行音乐带有一丝古典美与历史美。

这种混搭同样可以运用到幽默中来。任何一个字、词，都有其本身的含义，而要明确表达意愿，就要用心搭配。简单常见的词只要搭配合适，置于合适的语境，就可以锻造出完美的句子。这个道理和穿衣混搭是一样的，穿着漂亮不在于单品是如何大牌、如何昂贵，而在于款式质地的和谐，以及最后的上身效果。而当我们要创造幽默语言时，也可以尝试突破原有的搭配方法，这样就可以使平平常常的句子，瞬间产生令人捧腹的幽默效果。

词汇混搭，是最常见的语言幽默法，只要你不拘泥于文字搭配的条条框框，就可以独具匠心地创造属于自己的幽默。

知名主持人杨澜：我家孩子英语这次没考好，是因为家里没有请家教。

著名主持人和企业家杨澜在工作中是个快乐又幽默的人，在生活中，也处处充满着幽默的智慧。

一次，杨澜和几个朋友一起聊天，大家都聊起了自己的孩子。有人夸自己的孩子聪明懂事，有人说自己的孩子钢琴弹得一级棒，有人说自己的孩子已经参加了多次舞蹈比赛。只有杨澜一人笑而不语。朋友们觉得诧异，一起问杨澜："您的孩子呢，最近什么情况？"杨澜笑着说："我这孩子最近麻烦着呢，上周去学校参加家长会，老师说我们孩子没家教，这让我尴尬死了。"

"啊？这不会是真的吧？到底怎么回事？"朋友们完全不可置信。像杨澜这样知书达理，有知识充满智慧，丈夫也是一位绅士，风度翩翩，这样的家庭教育出来的孩子怎么可能会被人说成没家教呢？

当大家纷纷议论之时，杨澜说道："老实说，我家孩子英语成绩较差，估计我家是没请家教。"

哈！原来是这样子的"没家教"啊，众人哑然失笑。

出自杨澜家庭的孩子，家教自然会很不错，而在一群女人叽叽喳喳纷纷夸赞自家孩子时，杨澜没有抢了风头，像她的朋友一样也夸自己的孩子，反而是充满睿智的打破语言逻辑，说出孩子的不足之处。这一行为不但体现了她的幽默和谦逊，更凸显了她充满技巧的人际交往的智慧。有人说让身边的人都感到舒服，才是最成功的社交。而杨澜，就是这样一个人。

德国物理学家伦琴：请把你的胸腔寄来吧！

1895 年，德国物理学家伦琴发现了一种特殊射线，也就是我们常说的"X"光线。这件事轰动了整个德国，有人给伦琴写信，说自己胸中残留着一颗子弹，要采用射线检查治疗，请伦琴寄一些射线去。伦琴射线怎么能邮寄呢？伦琴想了想，便幽默地回信道："对不起，目前我手头没有X射线的存货，而且邮寄X射线是一件相当麻烦的事情，因此不能奉命。如果可以，还是请您把胸腔给我寄来吧！"

"X"射线是绝对无法邮寄的，如果直接指明当然可以解决问题，但这样多少有点居高临下、教训别人之嫌，而且显得对方愚笨不堪，未免使对方尴尬。于是，伦琴把词汇妙用，让对方把"胸腔"给自己"寄"来，委婉地拒绝了不合理要求。这种回答不仅给予对方一定的暗示，更制造出幽默轻松的效果，让对方在接受这个小幽默的同时领悟其中意味，从而不致使对方难堪。

词汇混搭的幽默，看起来没有中心、没有章法、没有逻辑，把不该搭配的语言文字生硬地凑到一起。就好比伦琴的"邮寄胸腔"，这种语言的强行组合非常出人意料。而幽默，就是要出人意料，就是要突破正常思维、惯性思维，这样才能达到目的。

比如幽默大师老舍在他的《赵子曰》中，就经常把不相干的两个词故意搭配在一起："他后悔了，他那个'孔教打底，西法恋爱镶边'的小心房一上一下地跳动起来。"很显然，这里的"孔教打底，西法恋爱镶边"就是一种插科打诨的混搭，这一不协调的搭配，反而形象鲜明地表现出主人公这种矛盾的心态，这比许多其他现有词汇都要好用、幽默得多。美国著名文学家特鲁·赫伯特也做过类似的混搭。譬如，当年轻人坐在高高的城墙上谈恋爱时，他便称之为"陡峭的爱情"。陡峭和爱情二者十分不搭，但这种创造性的混搭却与当时的情况十分贴合，把作者的想法形象生动地展现出来，并赋予了一定幽默效果。

当然，我们已经习惯按照正确的语言逻辑说话，但偶尔也可尝试打破逻辑，进行词汇混搭。譬如，你是个笨手笨脚的老公，一不小心打碎了杯子，妻子气得对你张牙舞爪、怒目而视。这时，你不妨满脸堆笑地对妻子说："老婆快别生气了，看我给你气得，真是心花怒放啊！"

生气和心花怒放是两个截然相反、甚至互相矛盾的词汇，被你这样强行扭到一起说出来，反倒产生了一种不伦不类、正反跌宕、滑稽可笑的幽默效果。妻子听了这话，一定会笑逐颜开，不忍心对你发脾气。

当然，要制造这种幽默还得多加练习词汇的运用，虽然他们是生硬搭配拼凑的，但仔细推敲应该有意义上的关联。此外，还得注意两个词汇之间要有差异，差异越大，效果就会越明显，幽默意味也就越浓厚。

7. 妙用夸张，吹出来的幽默

夸张是一种常见的修辞手法，指为了启发听者或读者的想象力而加强所说的话的力量，用夸大的词语来形容事物。李白的诗句“白发三千丈，缘愁似个长”就是夸张的经典之作。夸张不仅可以极力渲染悲伤的情绪，也可以用来制造幽默的效果。

作家济斯塔东是个胖子，他曾风趣地说：“我比别人亲切三倍，因为我要是在公交车上让座，可以一下坐三个人。”在这里，济斯塔东就成功地运用了夸张手法，而且夸张到有些荒谬的程度。但是，就因为这种荒谬夸张本身包含了不协调，所以反而产生出强烈的幽默效果。

我们大家也可以尝试使用一下这种方法，在人际交往中提升自己的幽默指数。只要你对生活充满热情，对自己充满信心，就能找到属于自己的夸张式幽默。

夸张式幽默不是如实表述，也不是比喻，你要想获得幽默效果，必须努力把夸张一法使用得荒诞、离奇，你的夸张越是耸人听闻，就越能制造出喜剧效果。

美国现实主义文学大师马克·吐温：我买票上车的时候可是个孩子呢！

马克·吐温一次乘车外出，火车开得很慢。当查票员过来查票时，马克·吐温递给他一张儿童票。查票员见他钻空子，买儿童票乘车，便故意嘲讽道：“我还真没看出你还是个孩子呢！”马克·吐温不温不火地回答：“当然，我现在已经不是孩子了。不过，这是因为你们火车开得太慢，我买票上车的时候还真是个孩子哩！”

马克·吐温真是运用夸张式幽默的大家，火车开得慢是事实，但绝对不至于慢到让一个孩子长成大人。但是，马克·吐温就是把火车的缓慢程度极具夸张，用以回复查票员丢来的讥讽，从而产生出极强的幽默效果，让人不禁为之捧腹。与其他幽默方法相比，这种夸张式的幽默可谓信手拈来，而且有很强的讽刺效果，让人直呼痛快！

如果你在生活中也遇到了想要回避的问题，不妨丢给对方一个夸张的，不着边际的回答，可以机智巧妙、诙谐幽默地转移话题，使大家在愉悦的情绪中将关键问题一笑跳过。

夸张的方法随处可见，但你在夸张之时必须明确抓住事物的特征，然后用夸张的方法加以形象化的表现，这样才能产生幽默效果。

举个例子，公司里的女同事很吵，男同事有些不满地说：“两个女人就等于上千只鸭子。”隔天，这个男同事的女友来找他，女同事笑着揶揄：“嗨，外面有五百只鸭子来找你！”这是很有趣的夸张，等于把男同事亲手做的“茧”，反手“缚”在了他女友身上。

用夸张的方法来制造幽默，离不开丰富的想象力。生活中很多幽默的成功，就在于用对了地方，灵活运用语言进行了恰到好处的夸张。你的想象力越丰富，夸张得越离谱，幽默的意味就越浓厚。具有卓越想象力的人，常用这种平常的修辞方法，制造出令人惊叹的幽默效果来。

譬如，有人和你吹牛，说他爸爸的工厂有一种制造香肠的机器，那机器很神奇，只要把猪挂在机器的一边，然后转动机器的把手，香肠就可以自动地从机器的另一边一条一条地转出来。这时，你大可不必和他争论，倒不如面不改色地回敬他一句："这有什么了不起？我也有那机器，而且比你爸爸的先进。我们做出的香肠如果不合口味，可以把香肠放在机器的一边，然后倒转一下机器的把手，那么机器的另外一边就会爬出来原来的那头猪！"

这是个很有想象力的回答。本来，对方的话语就足够夸张了，但我们的话带有更加明显的荒谬性，从而使整段话的性质发生了变化，幽默效果也就随之而生了。而且，就是因为你的话语足够荒谬，才会脱离了吹牛皮的嫌疑，上升到幽默的高度。

8. 别解词汇，奇妙歪理也幽默

在交际场合，我们常被要求要有一说一，有二说二。当然，实话实说是一种美德，可若谈话没有任何创新和变化，不讲究任何技巧，也就没有了奇情才思，听得多了自然就显得平平淡淡，让人感觉乏味。这时，我们可以尝试一下别解词汇，把一个看似平常的词汇衍生出奇妙歪理，以不变应万变。

需要注意的是，这里的别解词汇不同于多义词。汉语当中有不少一词多义的现象，但我们这里要说的是根据需要为词汇编造出新的含义。在特殊语境中制造新的词解，可以让谈话变得更有趣，也可以巧妙地回绝那些不想直接谈及的问题，甚至是回击某些恶意的攻击，可谓是一种十分实用的幽默技巧。

别解词汇往往很荒唐，但就是这种似是而非的荒唐，使谈话产生出奇巧怪诞的谐趣，给人一种新奇的心理体验，更会惹得大家眉开眼笑。

清朝大臣纪晓岚：垂尾是狼，上竖是狗

一天，纪晓岚与和珅在后花园里喝酒聊天。正喝着，突然有一条狗从他们身边跑过。和珅明知是狗，却想趁机羞辱纪晓岚一番，便笑眯眯地问：

“是狼（侍郎）是狗？”

当时纪晓岚官居侍郎，他望着和珅那副神情，立即明白了他的用意。

“垂尾是狼”，纪晓岚用手朝地下指了指，又用手朝上做了一个捅的动作，大声说道：“上竖（尚书）是狗！”

纪晓岚说罢哈哈大笑。原来，和珅当时正好官居尚书。

在这里，纪晓岚与和珅都运用了谐音，把“是狼”与“侍郎”、“上竖”与“尚书”牵扯到了一起，这些词在意义上毫不相干，经过故意捏合就被赋予新的词汇内涵，从而产生出幽默效果。这两个人的玩笑开得聪明，开得诙谐，充分显示了两位机智的辩才。尤其是纪晓岚，在遭遇对方攻击时，能够迅速开动脑筋，把“上竖”与“尚书”连在一起，把皮球重又踢回到和珅身上，让和珅哑巴吃黄连，有苦说不出。

要使用这种幽默方法，就必须使大脑保持高速运转，要能快速地跳开固定思维，为词汇编造一个幽默有趣的新含义，以表达自己的真正意愿。

唐朝宫廷艺人黄幡绰：郑镒晋升乃泰山之力也

唐朝玄宗皇帝封禅泰山，任命心腹大臣张说为封禅主管官。按照惯例，封禅后官员都要晋升一级，张说却趁机把自己官居九品的女婿郑镒，一下子晋升为五品大员。

在封禅后的宴飨大会上，玄宗皇帝李隆基发现九品芝麻官郑镒突然穿上五品红袍，非常奇怪，便问他怎么晋升这么快。郑镒一下子愣住了，窘得说不出话来。宫廷艺人黄幡绰刚巧在场，他见郑镒出糗，便一语双关地帮忙解围说：“此乃泰山之力也。”

作为一名宫廷优伶，黄幡绰的脑子反应非常迅速，对词汇把握非常精准到位。他口中的泰山有两层含义，一个就是玄宗皇帝所封禅的泰山，“泰山之力”就是借指一种非同寻常的神圣力量。此外，泰山又是岳父之称，这便又说明了郑镒和张说的特殊关系。这一回答很有幽默感，虽指明了实质问题，却又不显得刻薄尖锐，把对人的贬义淡化，这就是别解词汇的智慧。

生活中，如果你也遭遇类似场合，不妨学学黄幡绰，用另一重语义把你略带攻击的真实意图稍加掩盖，不仅可以讽喻对方，更能使你的智慧、情感和人格得以升华。

别解词汇的幽默，非常考验谈话者的思维敏捷能力。你不能把思维停留在词的原意上，要能突破固定的思维或者跳开常理，制造出别开生面的新词意。如果你天生并不具备幽默感，就需要在后天的不断学习中加以锻炼进而掌握，用以增强你的人格魅力。

打个比方，有个讨厌鬼整天到你家蹭饭，给你的生活增添了许多麻烦，你该怎么回绝他？如果你不想直接拒绝，不妨尝试问："隔夜饭你吃吗？"如果对方说吃，你就可以让他明天再来了。因为隔夜饭在你这里并不指"剩饭"，你已经根据需要将它赋予了新含义。

类似的曲解方法还有很多，譬如监考老师的经典语录：同学们，今天的考试你们要实行"包产到户"，坚决不许走"共同富裕"的道路。这句话的妙处，就在于它并不直言考场纪律，而是为两个农村改革中的专业词语编造了新词义。其中，"包产到户"曲解为"自己答自己的卷子"，而"共同富裕"则被曲解为"相互帮助"。由于"包产到户"和"共同富裕"与考场上紧张严肃的气氛格格不入，形成强烈的反差，由此产生了非常强烈的幽默效果，使考生的紧张情绪也随之得到缓解。

总的来说，别解词汇的幽默方法并不很难，但你在别解词语时，应该让人感到你是在故意曲解词意，而不是本意，否则就不会达到这种强烈的幽默效果。

9. 断章取义也幽默，只要你能自圆其说

关于断章取义，大家想必都很熟悉。几乎每天都有媒体将某个明星或者重要人物的话断章取义，来制造轰动效应，吸引读者的眼球。有这样一个有趣的事件：

一位主教前往纽约，刚下飞机就被记者包围了。有记者刁难他，故意问："您想上夜总会吗？"主教想回避这个问题，便笑着反问："纽约有夜总会吗？"结果第二天早上，这家报纸的头版头条刊登出这样一条新闻："主教走下飞机后的第一个问题：纽约有夜总会吗？"

"纽约有夜总会吗？"这的确出自主教之口，但是在当时的语言环境中，这种反问是一种自我保护，并没有词汇表面所表述的含义。但当这句话被单独列出时，主教的真实意愿与话语字面含义截然相反。人们的第一反应就是：这位主教大人看来不是正经人哪！

生活中，大家不要断章取义，刻意扭曲他人的真实意愿。但若有改善谈话氛围的需要，也可以偶尔断章取义，将只言片语从整个语境或者句子中抽离出来，这样轻易就能获得一种不和谐的幽默效果。

要制造断章取义式的幽默，我们需要对某些字、词、句等要素进行不

恰当的引用。这种引用所表达的结果往往与原意不符，而且，二者含义相差越远，喜剧效果就越为强烈。

留学生陆侃如：西北楼高，孔雀只好往东南飞了

1935年，巴黎大学，中国年轻的留学生陆侃如正在进行博士论文的答辩。他学识渊博，一路应答如流，主考官们很是满意。

或许是见陆侃如应答得太过流畅，有主考官突然提出一个怪问题，故意为难陆侃如。他问："《孔雀东南飞》这首诗中，第一句为什么不说'孔雀西北飞'呢？"

陆侃如知道对方有意为难，稍稍思考了一下，就答："因为'西北有高楼'啊！"

主考官们听了先是一愣，随即莞尔一笑，都为陆侃如的幽默风趣所折服！

凡是学习过古文的都知道，诗文中很多方位词的意义是虚化的，不可望文生义，比如"刀枪入库，马放南山"，这并不表示北山就不能放马。但是，如果这样回答，势必显得呆板，所以陆侃如引用古诗十九首的名句作答，使自己的答案显得非常荒谬。从这句话的字面意思来看，"西北"刚好跟"东南"相对，因为西北的楼高，所以孔雀飞不过，只好改道东南飞了。这种解释看起来牵强，但很容易产生幽默效果，我们也可以尝试创造类似幽默，而且解释所产生的意义与本义相差得越远或越荒诞，就越显得幽默。

美国现实主义文学大师马克·吐温：谁也不许侍奉二主

一次，马克·吐温和主张一夫多妻制的摩门教徒争论一夫多妻制的问题。马克·吐温说："一夫多妻，连上帝也反对。"那位摩门教徒问："你能在《圣经》中找到一句禁止一夫多妻的话吗？"

"当然可以。"马克·吐温说，"马太福音第六章第二十四节说：'谁也不许侍奉二主。'"

从《圣经》原文来看，“谁也不许侍奉二主”的“主”，与丈夫一点儿关系也没有。但是，马克·吐温断章取义，赋予这个“主”字新的含义，附会到自己所说的问题上来，并且自圆其说，以此来佐证自己的观点，进而产生了幽默的效果。这种幽默十分荒谬，你可以根据自己的需要恰当附会捏造，当你的需要由于你的“断章取义”而被满足时，幽默的情趣就油然而生了。

好多人读书喜欢断章取义，这实在是一个不好的读书习惯。因为一个独立的语句，要放置在特殊的语境当中，才会有比较明确的意思。读书时断章取义、以偏概全，就不能算得上是读书了。

当然，幽默时适当地断章取义并无不可，甚至称得上是一种高超的幽默技巧。但是，大家要想更好地运用断章取义，还得多读书、看书。因为断章取义的运用，需要我们拥有极好的断句的能力，断句能力越强，断句前后句子表述含义就相差得越远。在实际言语表达中，我们要擅于把自己的真实目的隐含于“断句”中，甚至根据我们的需要随时随地进行“恰当”地断句，以便产生幽默的结果。

断章取义是在日常生活中经常用到的幽默技巧，只要断得巧，断得妙，在大家开怀一笑之余，也会为沉闷的生活抹上亮丽的色彩。

第3章

把握幽默尺度，声声动人心

幽默有很多种，滑稽、搞笑、逗趣都是幽默，但却只是低层次的幽默。有些人即使掌握上千个笑料，在许多场合即兴表演可以如鱼得水，然而他的幽默可能只会引人发笑，未必能够真正的打动人心。而真正的幽默，应该是一种智慧、一种素养，它既不像滑稽那样使人傻笑，也不像冷嘲那样令人尴尬，它是很适中的，是让人在深思之余，发出会心一笑的大智慧。

这一章，我们就来学习一些创造高级幽默的技巧，这种技巧的掌握费时费心，考验的不仅仅是你的语言能力、反应能力，还有你对生活深刻的领悟力。不过，这种幽默也并不是那么玄乎得不可捉摸，只要我们从内心入手，去体味生活、感悟人生，就可以从生活的一点一滴中提炼成你的智慧，并用幽默的方法加以表达出来。而且，你对生活领悟得越深，你的幽默就愈加深刻。

掌握了这种幽默，你就拥有了一种强大的人格魅力。你在不经意间流露出的快乐、睿智、灵性，不仅会让周遭的人感觉真切、自然，更会带有一种直指人心的魔力，让对方如醍醐灌顶，大彻大悟。

1. 幽默力让你言已尽而意无穷

在谈到文字的魅力时，我们常常会提到这样一种说法，即“言有尽而意无穷”。这一标准最早出自宋朝诗人严羽的《沧浪诗话·诗辨》，专指诗文含义深刻，令人回味无穷。其实，不仅诗词文章如此，我们日常谈话、演讲等等，都应使语言尽量短小精练，适当“留白”，让听者根据自己的生活体验和学识修养去体会。

美国第 28 任总统伍德罗·威尔逊就是这一看法的拥护者。有人曾问威尔逊，“你准备一份 10 分钟的讲稿，得花多少时间？”威尔逊答：“两个星期。”

“准备一份一个小时的讲稿呢？”

“一个星期。”

“如果是两个小时的讲稿呢？”

“不用准备，马上就可以讲。”

可见，语言短小精练的程度越高，花费的思考时间就越长，带给听众的震撼效果也更巨大。幽默的语言尤其如此，越是言语短小精练，就越容易营造出一种意蕴含蓄而深远的美。

“言尽而意无穷”的幽默非常难得。这种幽默是智慧的产物，如果把它比拟成一个美人，这个美人应该是内涵丰富、艳若桃花、气质如兰的，她应当能给人带来愉悦的享受。这样的幽默比滑稽的幽默更有气质，也更加耐人寻味。

世界轻量级拳击冠军琼·瓦特：反正我这次是起不来了

一次大赛过后，有记者问琼·瓦特：“你愿意在自己的墓碑上，写下什么样的墓志铭？”

琼·瓦特想了想，笑着回答道：“你爱数多少下就数多少下吧！反正我这次是起不来了。”

拳击运动员被对方击倒后，裁判便开始“数秒”，如从“一”数到“八”还站不起来，就判其失败。瓦特是位职业拳击手，他以凝练的语言，回应了记者的提问，没有哗众取宠，没有刻意煽情，而用最简单朴实的语言，表达了对职业生涯的认可，寄予着对生命轮回的反思，更寄予着豁达恢宏的气度。这种幽默可谓是幽默中的极品，让你回味无穷，带给人们以美的联想。

当代著名学者林语堂：演讲应该和女子的裙子一样，越短越好

林语堂定居台北后，常被应邀出席集会，听那些冗长乏味的演讲。有一次，他在某校毕业典礼上听了许多人的演讲，个个滔滔不绝，口若悬河。终于熬到所有人演讲完毕，轮到林语堂上台时，他竟然只是站起来微笑着说：“演讲应该和女子的裙子一样，越短越好。”

场下听众愣了片刻，随即响起雷鸣般的掌声。

这一幽默与美国总统威尔逊对待演讲的态度有异曲同工之妙。大家都明白，女孩的裙子愈短愈“迷人”，可并非谁都明白，与人交谈同样是愈短愈“迷人”。林语堂借用“迷你裙”和“演讲”这两件看似没有联系的词汇，幽默地进行了对比，告诉大家语言一定要简洁、洗练，达到“少而准”“简而丰”，这才是运用语言的至高境界。这种短小精悍的幽默非常经典，我们也可以适当尝试，借彼说此，不仅通俗易懂，妙趣横生，而且非常具有说服力。

美国现实主义文学大师马克·吐温：你的左眼里还有那么一丁点儿的仁慈

一天，马克·吐温在路上偶遇一位臭名远扬的百万富翁。

“我最近花了很多钱装了一只假眼，你能看出是哪只吗？”富翁得意扬扬地问马克·吐温。

“是左眼！”马克·吐温立即回答道。

“啊！”富翁大吃一惊，“别人都看不出来，你是根据什么知道的？”

“因为我看到，只有这只眼睛里还有那么一丁点儿的仁慈！”马克·吐温厌恶地说。

对待臭名昭著的人，马克·吐温向来不留情面。当富翁自鸣得意，就自己高价装的假眼四处炫耀时，马克·吐温立即予以巧妙的攻击。他的言不在“眼”，而是直指“眼睛里的仁慈”，他用这短小精悍的话语，重槌敲打富翁那面贪婪、自私、虚伪的“闷鼓”，讽刺尖锐，一针见血，让富翁自讨没趣。这一讽刺幽默十分精彩，话不多，含义却非常深远。

要让对方理解你的幽默，首先就要保证语言简单明了。

不论何种语言，简单的言语往往更容易抓住人的注意力，而过分的修饰词藻或夸大其辞，反而使沟通困难，难以获得预期的幽默效果。譬如，有些人在公众场合，为了表现自己学识渊博，专捡冷僻生涩的字来用，结果常常浇得人一头雾水，不知所云。这样遣词用字，不仅不能创造出幽默，反而惹人生厌。

当然，语言简练易懂，并不等于赤裸裸地表达自己的意愿。要制造

“言已尽而意无穷”式的幽默，还要使语言尽量含蓄，做到“话中有话”。你的话语只是一种铺垫，是一种“衬”，表面上别人不明白，实际上最终还是要让别人明白，不然，幽默含蓄后而使表意含混不清，别人不知所云，这种幽默是没有意义的。

这种幽默随处可用，尤其在你遇到不便直言或者不能直言的情况时，可以故意在语言中暗含弦外之音，另有所指，不仅可以产生令人意想不到的效果，也不容易伤害到他人。

打个比方，你与他人起了冲突，对方怒气冲冲不肯让步，抱怨你没有礼貌。这时你不妨笑着反问他：请问，能否让我看看礼貌的样品？

简单一句话，简练明了地表达了你内心的想法，也能让对方反省自身存在的缺陷和不足。当然，要想使这种幽默收到预期的效果，就需要注意挑选自己的听众，他们需要有较高的文化修养或幽默感，并具备未“言传”而能“意会”的能力。

2. 笑里藏“道”，最能打动人心

笑有很多种：有眉开眼笑，有哄堂大笑，有皮笑肉不笑，还有冷笑、嘲笑、奉承的笑等等。不同的幽默可以引起不同的笑，而真正的幽默可以真正打动你，让你的笑从内心发出来。

真正的幽默与笑话有区别：笑话是还没说完，已经笑声不断，比较浅俗易懂；而真正的幽默，需要你静静地听完所有的话语，并进行理智的思考，才能在情感上产生会心甜蜜的微笑。这种笑既不像滑稽那样使人傻笑，也不像冷嘲那样使人在笑后觉得辛辣，它是一种谜底揭晓后的欢笑，它是一种雅而不俗的艺术，是一种洗练的玩味，也是一种最能打动人心的幽默。

要想在笑里藏“道”，需要多花些心思。它不单单只是简单的搞笑，必须要有良好的修养、丰富的内涵和机敏的头脑，才能避免使幽默流于滑稽可笑。这种幽默对听众也有要求，他们必须懂得对语言进行品味、思考，才能真正领会其中的幽默含义。

美国第 39 任总统卡特的母亲莉莲：我多么高兴见到您

一个记者来到总统母亲莉莲的家中，一板一眼地问她：“您的儿子到全国各地去演讲，并告诉人们如果他曾经对他们撒过谎，就不要选他。您能不能诚实地告诉我，您的儿子从来没撒过谎吗？因为世界上再没有人比您更了解您的儿子了。”

莉莲想了想说：“可能他有时也撒些没有恶意的谎吧！”

听到这，记者露出了一丝不易察觉的微笑，并继续追问：“您能不能给我下个定义说明，没有恶意的谎言和其他的谎言有什么区别呢？”

莉莲并不傻，当然知道记者的真正用意。于是她笑着回答说：“我不知道能不能下这个定义，但我可以给您举个例子。您还记得几分钟前您进来时，我对您说‘您看起来多精神，我多么高兴见到您’吗？”

这位记者“来者不善”，这一点莉莲十分清楚。但作为总统母亲，备受关注的她不发言或者随便发言都可能招致祸患。于是，莉莲故意绕了一个圈子，把话题引到了记者自己身上去，并给记者来了一个下马威。她想要告诉记者，有时候人们说谎的真实目的是不想伤害或维持一个不愿失去的东西，因此在一种两难的选择中，迫不得已说谎。她想告诉我们这样一个道理，对于善意的谎言，如果不善意地对待，那么对说谎者就过于残酷了。

古希腊哲学家苏格拉底：原来我并不需要这么多东西

一次，苏格拉底心血来潮，想出去走走。他的学生们便怂恿他去当时最热闹的市集逛逛。在学生们看来，那里有最新潮的衣服，最华贵的珠宝，最全最实用的日用百货，包管苏格拉底可以满载而归。

苏格拉底听从建议，果真去市集逛了逛。

第二天，苏格拉底一进课堂，学生们立刻围了上来，要他谈谈此行的收获。苏格拉底见状微笑着说：“此行唯一的收获，就是发现，原来我并不需要这么多东西！”

苏格拉底的幽默看似“云淡风轻”，只是简单的一句话，却道出了生活的真谛。生活中，我们很多人已经不知不觉地沦为物质的奴隶，忘记了自己存在的真正价值。而理性睿智的苏格拉底，可以将人间世事看得超脱，学生眼中那些引人入胜的玩意儿，对他来说一文不值，自觉那些忙忙碌碌为物质所累的人们十分滑稽。苏格拉底的这种幽默，不会引起哄堂大笑，可只要能沉下心来，就能体会苏格拉底的用意所在。他的幽默有些尖刻，但对世道人心却大有裨益。

生活，能在一个人的胸中造成丘壑，也能造成幽默的回声。正因为如此，幽默与哲理就成了一对孪生兄弟，常常同生同在。

这种笑里藏“道”式的幽默，就是幽默与哲理的完美结合。要制造这种幽默，考验的不仅仅是你的语言能力、反应能力，还有你对生活深刻的领悟力。“大道至简”，生活的真谛也如此。只要我们懂得生活，就可以从生活的一点一滴中加以提炼，然后用幽默的方法表达出来。你对生活领悟得越深，你的幽默就愈加深刻。

这种笑里藏“道”式的幽默不能刻意寻求，倒不妨顺其自然，随着人生阅历的增加，幽默的灵感就会像涓涓流水一般不断地在你的脑海中涌现。需要注意的是，我们不要妄图以这种幽默对其他人进行说教。毕竟，人与人之间存在个性、志趣、信仰等方面的不同，我们不可能要求别人与我们都是一样的观点，更何况我们的观点也不可能是“唯一正确”的模式。你可以随意表达自己的看法，但不能要求别人与我们的爱好、志趣等保持一致，即便是幽默的说教也不行。

3. 悬念式幽默，抖包袱才能引人入胜

一位老者在餐厅吃鱼，一边吃一边给周围的人讲述自己悲惨的经历：他曾与一个漂亮姑娘订婚，钻戒买好后，突然在报纸上看到未婚妻和另一个男人结婚的启事。他伤心欲绝，把精心选购的钻戒一下扔向了大海。

讲到这儿，老者突然顿了顿，双眼放光地说："几天后我到餐厅吃鱼，胡乱地吃了几口鱼肉，忽然牙被一个硬东西硌了一下。先生们，你们可能已经猜出来了，我吃着了什么？"

"戒指！"周围的人异口同声地说。

"不！"老人哈哈大笑，"是你们想多了，我吃到了一块鱼骨头！"

吃鱼吃到鱼骨头，这真是再平凡无奇的事情了。可老者巧妙地设置了悬念，紧紧地抓住了所有听众的心，使这个平凡的故事也变得引人入胜起来。尤其是结尾部分的强烈偏差，更成功营造出一种幽默效果。

不仅好的故事要设置悬念，引人入胜的幽默也要设置悬念。这就像相声里的"设包袱"，用跌宕起伏的情节，深深地吸引住他人，最后再"抖包袱"，起到画龙点睛的作用，让人感觉到强烈的幽默效果，从而达到自己的目的。

幽默谈话悬念的设置要顺理成章，既在情理之中，又在意料之外。这方面，有很多幽默大师为我们做出了很好的示范，下面两个小故事就是很好的例证。

美国前国务卿基辛格：她很迷人，她对我的事情很感兴趣

基辛格有一次去德黑兰作短暂停留。当晚，伊朗首相邀请他去看舞女帕莎的演出。演出结束后，基辛格和帕莎聊了很长时间。

第二天，有记者问基辛格："您喜欢那个舞女吗？"

"是的，她很迷人，"基辛格热情地说，"她对我的事情很感兴趣。"

"真的吗？"记者非常兴奋，很想从中再问出点别的什么。

"那还有假？"基辛格笑眯眯地说，"我们还讨论了限制战略武器的问题，我费了很长时间才向她解释清楚怎样把SS-7导弹改装在u级潜艇上发射……"

记者还没听完就悻悻地走了。

正所谓"将欲抑之，必先张之；将欲擒之，必先纵之"，基辛格明知记者的真正用意，无非是想打听点风流韵事罢了，他对此虽心怀不满，却故意迎合对方的提问，甚至故意设置悬念和圈套，最终让那位记者实实在在地碰了一鼻子的灰。这一幽默既间接地表明了自己对对方提问的反感和拒绝回答的态度，又显示出自己富有修养。更值得称道的是，基辛格的幽默手段非常高明，他不仅恰到好处地设置悬念，为了更好地控制对方，他还故作轻松，使其放松警惕，不加防范，于无知觉中步入基辛格精心设计的圈套。

国画大师张大千：你是君子，我是小人

抗日战争胜利后，张大千要从上海返回四川老家。他的学生设宴为他饯行，邀著名京剧艺术家梅兰芳等社会名流作陪。宴会开始，张大千向梅兰芳敬酒说："梅先生，你是君子，我是小人。我先敬你一杯。"梅兰芳不解其意，众宾客也莫名其妙。张大千随即笑着解释道：“你是君子——唱戏动口，我是小人——画画动手。”

一句话引得满堂大笑不已。

张大千的幽默手段十分高超，他通过有意设置悬念，用一句惊人之语引起大家的好奇与疑惑，然后以巧妙的解释博得众人开怀一笑。这一悬念不仅成功地抓住了听众的心，还巧妙地与双方各自的职业联系起来，梅兰芳唱戏，动口；张大千画画，动手，这种有意曲解极富幽默感，达到了很好的幽默效果。如果你想尝试这种幽默，最关键的一点就是设置悬念，牢牢抓住对方的心。吸引住他的注意力，你的幽默就成功了大半。

英国前首相丘吉尔：我最敬佩墨索里尼，因为他有勇气枪毙自己的女婿

萨拉是丘吉尔的次女，爱上了喜剧演员维克·奥利弗。丘吉尔不中意奥利弗，坚决反对这门婚事，最后百般无奈之下，丘吉尔才勉强同意了他们的婚事。

一天，奥利弗邀丘吉尔一起出去散步。

“您最敬佩的人是谁？”奥利弗讨好地问岳父。

“墨索里尼！”

“为什么？

“因为他有勇气枪毙自己的女婿！”

可以想到，丘吉尔厌烦女婿到了何种地步。他以“敬佩墨索里尼”这句出人意料的话，先吸引住了女婿奥利弗的注意力，正当对方震惊之时，转身抡圆了“他有勇气枪毙自己的女婿”这记巴掌，响亮地给了女婿一记火辣辣的“耳光”，让对方在脸红中领悟出自己所要表达的真正意图。丘吉尔的这一幽默真可谓巧妙至极，饱含黑色幽默的噱头。不过，这类幽默我们还是少用为好，虽然劲头十足，但把握不当可能会伤害对方。

要使一段谈话或者故事引人入胜，就要学会巧妙地设置悬念。它包括“设悬”和“释悬”两个方面。你在谈话的前面“设悬”，后面就必须巧妙地“释悬”，这就像是我们在讲故事时，有时会只亮开谜面，藏起谜底，在适当的时候再予点破，使读者的期待心理得到满足。

在“设悬”方面，大家可以尽量故作玄虚，设置一个玄虚的，不存在的悬念，这个悬念可能看起来非常可怕，后果严重，但实际上是没有什么大害处的。如前文张大千的“小人”，基辛格的“美女很迷人”等等，都是这样的小悬念，悬念的荒谬性与实际上的无害性之间的反差越大，喜剧性越强。如果这个悬念听起来可怕，后果又非常严重，那就不是幽默的喜剧而是痛苦的悲剧了。

在“释悬”方面，大家要尽量寻找巧妙的歪曲的解释，从某种意义上讲，寻求歪解比构成悬念更能显示出谈话者的智慧和情趣。任何对于悬念的解释都以出奇制胜为佳，不要落入俗套，也不能太过一本正经。

举个例子，你精心准备的咖啡不知被谁喝了大半杯。这时，你不妨装出一副紧张的样子问：天哪，谁把咖啡喝了，那可是我从实验室拿来的病毒样本哪！”

当有人紧张地跳出来时，你再笑着“释悬”：“放心吧，我只是在里面加了些三鹿奶粉啦！”

这个小幽默故意给对方设置了一个可怕的悬念，当预期的危险完全消除后，听者就会从中领悟到幽默的意味。需要注意的是，幽默的设置要顺理成章，要做足铺垫，最后一语道破玄机。太过生硬地故意穿插悬念，不仅无法实现预想中的幽默效果，还会有故弄玄虚之感。

4. 用幽默语言表达核心观点

一位名叫普里兹文的作家曾经说过："生活中没有哲学还可以应付过去，但是没有幽默则只有愚蠢的人才能生存。"的确，幽默不单单只是插科打诨，它是一个人的智慧、灵感、学识、才华在语言表达中的闪现，是一种"能抓住可笑或诙谐想象的能力"，它是对社会上种种不合理、不协调的荒谬现象进行深刻揭示和对某些反常规知识言行的描述。

通常情况下，这种幽默轻松机巧、睿智风趣，蕴涵着生活最原汁原味的笑。但是，在这些小幽默背后往往蕴含着大道理，它们一针见血、短小精悍，既发人深省，又耐人寻味。

文字变意幽默，既可以是善意的寓教于乐，又可以是恶意的辛辣讽刺；既可以是褒扬的歌功颂德，又可以是批判的揭伪伐丑。总之，我们要做的就是一点，即：小幽默扬大道理，细幽默藏警世言。

国学大师启功先生：我哪儿乖啊？

1995年，数十位学者会聚在北京师范大学英东楼，讨论启功先生的新著《汉语现象论丛》。讨论会上，与会者发表了大量积极正面的意见，竟无一人指出不足提出批评。

讨论结束前，启功先生终于站了起来，表情认真地说：“我内侄的孩子小时候，他的一个同学常跟他一块儿上家来玩。有时我嫌他们闹，就跟他们说，你们出去玩吧，乖，啊？如此几次，终于有一天，我听见他俩出去，那个孩子边下楼边很有些不解地问：那个老头老说我们乖，我们哪儿乖啊？今天上午听了各位的发言，给我的感觉就像那小孩，我不禁要自问一声：我哪儿乖啊？”

作为学术界的泰斗，启功先生听到人们的称赞和表扬当然高兴，但为了寻求进步，他更想要听到的是不同的意见和建议。于是，他给大家讲了这个幽默，用一则故事，一段比兴，表达了谦虚，暗含了感谢，更表现出了其寻求真相的渴望。他的幽默不仅诙谐有趣，更深刻揭示出学术界不敢提批评说真话的问题，真是令人拍案叫绝。

英国前首相丘吉尔：那要再编造一个理由出来

有人问丘吉尔：“做个政治家要有什么条件？”

丘吉尔毫不犹豫地回答说：“政治家要能预言明日、下月、来年及将来发生的一些事情。”

那人又问：“假如到时候预言的事没有实现，那怎么办？”

“那就编造一个理由出来。”丘吉尔微笑着说。

丘吉尔的这段话看似简单，实际上却一针见血地讽喻了当时社会的现象。他告诉我们，政治家有两种，一种正如罗斯福、丘吉尔、戴高乐、甘地等人，他们能主动接受监督和服从宪法、法律，是真正的政治家。但是，更多地活跃在政坛上的政治家，实际上都是政治骗子，就像丘吉尔口中所形容的那样，用一个又一个谎言来欺骗民众。善良的人们常常被政治骗子所蒙蔽，认为他们也是政治家，可他们不过就是些政治流氓而已。

丘吉尔的这一幽默，深刻而尖锐地讽刺了政坛中的这些政治骗子，语言简练，但含义深远。

尽管人们喜欢用幽默来揭露弊端、讽刺卑俗与愚蠢，但在通常情况下，幽默不能直截了当地表述，不能直接告知，必须通过委婉含蓄的语言，经过间接的暗示和曲折的推理，让对方自己去发现，诱使对方去领悟说话者的智慧和奇妙的情趣。

直抒胸臆是抒情的效果，而不是幽默的效果。要想用幽默揭示问题的实质，就必须曲径通幽，让对方领略弦外之音、话中之话。

譬如，你去餐馆就餐，发现米饭里有颗沙粒。这时你不必大发雷霆，倒不如微笑着说："服务员小姐，麻烦您帮我把这块石头抬出去吧？"这样的表达看似没有批评饭的质量，实际上却通过委婉的表达，揭示了问题的实质，表达了自己的不满，又不至于引起对方的反感。

这种幽默，就是一种蕴涵大智慧的幽默。它虽然意识到问题，并且深刻地理解它，但却能够平心静气、和颜悦色地指出问题和缺点，让人们在笑声里看到自己或他人的丑行或影子，使之顿悟而悔改。这种幽默总是于诙谐的谈吐中隐藏着真理，体现着一种真善美的感人力量。

5. 运用黑色幽默，创造出意想不到的效果

有这样一个故事：囚犯被送上了绞刑台，他望着眼前晃动的绞索，忽然问行刑官说："这玩意儿会不会断掉啊？"

场下观看行刑的人们一阵哄笑。

这名囚犯的问话非常出乎意料，似乎在担心绳子会断掉，绞刑不能顺利地执行。这种幽默超越了现实的严峻情境，从而产生了这种独到的黑色幽默。

从一般状况来说，现实越是严峻越是难以超越，就越难以产生幽默，当然也就越难发出轻松的笑声。幽默从本质上来说是属于轻喜剧之列的。但是，幽默毕竟是不拘一格、无限丰富的，人类强大的精神能力，可以促使我们创造出许多别具一格的东西，黑色幽默就是其中的一种。当现实生活迫使人们去应付生存的需求，人类反而可以超越了生存需求，以幽默感愉悦自己，陶冶自己的心灵，使心灵充满了生命的欢欣。即使处在逆境中，我们也能化尴尬为微笑。

黑色幽默，是一种令人难堪、令人吃惊、令人有所觉悟的幽默。它不同于一般幽默的地方，是它的荒诞不经、冷嘲热讽、玩世不恭之中包含了

不满与苦闷，它虽可以引人发笑，但却不仅仅只是让你发笑那么简单。

现代著名作家沈从文：他们知道我虽然政治上不可靠，但道德上可靠

“文化大革命”时期，60多岁的沈从文作为从旧社会走过来的“反动知识权威”，受到“革命造反派”的严厉惩罚：他每天接受一场群众批判之后，便去天安门左侧的历史博物馆里打扫女厕所。

对此，沈从文从容看待，还对表侄黄永玉说：“这是造反派领导、革命小将对我的信任，虽然我政治上不可靠，但道德上可靠……”

两个人说罢，哈哈大笑。

沈从文的一生几乎都是在逆境中度过的，但面对严峻的现实，他没有被打倒，而是笑对人生。他的黑色幽默看起来轻松，可实际上非常沉重。他的幽默表面上是可笑的，实质上是可怖的，可笑与可怖的反差是如此强烈，让你不知如何是好，真如漆黑夜空的一道闪电，让人不禁生出一丝苦涩的笑。生活从来不是一帆风顺，如果你也遭遇到不公且无力反抗，不要气馁，不要抱怨，不妨像沈从文这样来一把黑色的幽默。它虽不能帮你解决问题，摆脱困境，可至少能让你保持积极乐观，并给你迎战一切的勇气。

德国著名抒情诗人海涅：至少有一个人会因为我的死而感到遗憾

1841年，德国著名诗人海涅与巴黎皮货店的女营业员欧仁妮结了婚。欧仁妮没有受过教育，并且虚荣心极强，海涅与她的结合就是场不幸的悲剧。

海涅临死前，把所有的财产都留给了妻子欧仁妮，但提出一个怪异的条件，即妻子欧仁妮必须再嫁一个人。人们都很诧异，为什么海涅会强迫妻子改嫁？海涅露出了狡黠的笑容解释道：“这样的话，至少会有一个人会因为我的死而感到遗憾。”

从海涅的解释来看，海涅夫妻之间的关系并不和谐。但即便是面对这样一位妻子，面对着即将到来的死神，他都能怀有一颗幽默的心，制造出最后一个小玩笑。海涅强大的精神能力，由此可见一斑。海涅的玩笑不是插科打诨，这一幽默隐含了极强的讽刺意味，是对自己几十年失败婚姻的挖苦、嘲笑，笑过之后让人顿觉苦涩。这种幽默不易学，只有像海涅般遭遇大苦涩、大无奈的人，才能自然而然地创造出这种极具挖苦的黑色幽默。

生活中，经常会存在一些灰色或者黑色的情绪，与其钻进黑色的陷阱里，倒不如挥起你幽默的魔杖，把它们变为喜人的暖色调。毕竟，我们应该热爱生活，时刻抱有一颗乐观的心，而不应以悲剧的心态来对待。

譬如在失恋后的一段日子里，我们很习惯“黑”对方：“男人（女人）真是天底下最坏的东西，他们（她们）的心肠都是毒药！”可过不了多久，我们又会结交新的男友或者女友。这时若有人质疑你曾经说过的话，你倒不妨笑眯眯地回对方一句：“原因很简单，我想服毒自杀嘛！”听了这话，对方定会哈哈一笑，可在笑的同时又会心生感慨，自然就会把注意力从你当初说过的蠢话上移开了。

要制造“黑色幽默”，你不仅要保证精神强大、积极乐观，还要学会独立思考。独立思考是一种洞察力思维，需要你用一种全新的、理性的、洞察的视角去发现问题。只有当你是抛开了外在的纷纷扰扰，才能进行一番透过现象看本质的思考，才能真正发现某些人与某些事存在的荒谬与疯狂。而黑色幽默，最大的特征就是注重强调某人某事的不合理性，它把悲剧内容和喜剧形式交织混杂，使人哭笑不得，只有真正懂得思考、积极乐观的人才能真正把握。

另外提醒大家，在制造“黑色幽默”的时候，大家一定要把握好情境的严酷性与幽默的调笑性之间的分寸。为了保险起见，大家不妨尽量虚化它的沉重感而强化它的轻松感，譬如沈从文的“至少我在道德上可靠”，就是很好的可借鉴的例子。

6. 要振聋发聩，不要油嘴滑舌

在生活中，有些人很喜欢拿低俗当笑话，把口出污言秽语当幽默。实际上，这种油嘴滑舌毫无幽默感可言，只能让人心生反感，也只有和他同样低俗的人才会去迎合这种幽默。要知道，幽默虽隐含着引人发笑的成分，但它不是油腔滑调的故弄玄虚或矫揉造作的插科打诨，真正的幽默应该以健康文雅为基调，用轻松诙谐的语言去揭示深奥、严肃、抽象的道理，使情趣和哲理达到协调统一。

好的交流，是建立在说话者健康、高尚的情趣基础之上的，我们应该学会用最简练的语言，既明确又不失幽默地表达自己的立场和看法。下面几个例子，就是很好的示范，大家可以仿效一二。

文学家鲁迅：吃了人家的东西，好像要说人家的好话，但我并不是那样的人。

1926 年，鲁迅到厦门集美大学演讲。当时，集美大学校长叶渊办学方针十分保守，他生怕鲁迅演讲时不给自己留面子，特地先请鲁迅“吃一些好点心”，说了好些恭维话，这才带他进礼堂。

但鲁迅一登台就讲道：

“我在厦门的时候，听说叶校长办学很拘谨，学生极不自由，殊不敢加以赞同……刚才叶校长又请我吃面。吃了人家的东西，好像要说人家的好话，但我并不是那样的人，对于叶校长办学的方法之错误，以及误导青年身心的发展和参加社会的活动之必要等等，我仍旧是非说不可的……”

场下学生一阵哄堂大笑。

鲁迅一生之所以到处碰壁，与他不“嘴软”，不肯“油嘴滑舌”说好听话有关。面对着叶渊的恭维话与点心，鲁迅头脑始终保持清醒，言论绝不受时势左右，即便是“吃了人家”也绝对不“嘴软”，只说自己“要说的话”。鲁迅的话振聋发聩，直指社会的痛处，从来不肯屈从于权威或者人情世故。鲁迅演讲中的幽默，是一种严肃的幽默，他不单单要人笑，更要人从笑声中有所领悟，思考社会和人生。

意大利时装设计师阿玛尼：即使是推出一款手袋，也需要一个脱得精光的屁股

“裸露”，似乎是一个伴随“模特”一词而生的话题。而阿玛尼，正是最先提倡把女人身体解放出来的几位名设计师之一。但是，时装界裸露风潮愈演愈烈，就连展示婚纱都要裸露臀部，这位大师见此状况终于不能淡定了。

那是在克莉丝汀·迪奥的手提包展示会上，模特们的服装极其裸露，以至于很多观众反映他们根本没注意到什么手提包，倒是对会上模特的服装记忆深刻。于是，阿玛尼当场就开了一个极具讽刺意味的幽默：“看来，即使是推出一款手袋，也需要一个脱得精光的屁股。”

周遭的人听罢哈哈大笑，笑罢又不得不对这一现象进行反思。

阿玛尼的幽默带有浓厚的专业意味，他针对模特界出现的不当现象，进行了深刻的抨击和讽刺，让人在笑过之后有所领悟。他的幽默读来让人发笑，但这种笑与插科打诨式的幽默有着天壤之别，他的幽默是智者的一种表达，是对现实问题的深刻剖析，是通过幽默方式来表达的严肃问题。如果你也想要使用这种幽默，需要注意施展时不要太过生硬、严肃，否则会影响整体的幽默效果。

连任四届的美国总统罗斯福：现在你知道第四次连任的感想了吧

1945年，罗斯福第四次连任美国总统。有记者前来采访，请他谈谈四次连任的感想。罗斯福没有立即回答，而是很客气地请记者吃三明治。记者受宠若惊，很高兴地吃了一块。没想到，罗斯福又微笑着请他吃了第二块、第三块。吃到第三块的时候，记者的肚子已经饱了，但他觉得盛情难却，还是勉强吃了下去。

“记者先生，请再吃一块吧！”罗斯福又拿来一块三明治。

记者看到那块三明治，真是哭笑不得，连连摇头，表示自己实在吃不下去了。

“现在，你不需要再问我对于这第四次连任的感想了吧？因为你自己已感觉到了。”罗斯福微笑着说。

罗斯福驾驭语言的能力十分高超，但面对记者的这一问题，他一改有问必答、侃侃而谈的俗套，而是利用现场条件，运用类比的方法，让记者连吃四块“三明治”，去体验自己第四次连任总统的感受。这种“神来之笔”，实在是罗斯福幽默智慧中的一大杰作，无须开口，就已经丢给记者一个绝妙无比的答案。生活中，有很多个人体验无法用言语贴切表达，这时就可以学学罗斯福，来一个体验式幽默。不仅可以让对方领会你的真正感受和意图，更会给对方留下一个幽默、达观的好印象。

据说《大不列颠百科全书》最初几版收纳的“爱情”条目，解释都非常具体，用了整整五页的篇幅。但是，到第十四版之后，“爱情”这一条目却被删掉了，反倒是新增的“原子弹”条目占了与之相当的篇幅。这一变动让许多人不解，有一位读者愤慨无比，写信责备编辑部，认为他们藐视人类最美好的感情，而热衷于杀人的武器。

《大不列颠百科全书》的总编辑约斯特收到信件后，写了一封幽默的回信，他说：对于爱情，读《百科全书》不如亲身体验；而对于原子弹，亲身尝试不如读这本书好。

这位总编辑的回答十分幽默，他将爱情和原子弹进行比较，既回答了读者的质问，又表明了自己的立场，更难得的是，这短短一句话包含了很深的哲理：语言贵不在多，应该力求简单明了且具有穿透力。这本书在词条编辑上做到了这一点，约斯特总编辑的回信也做到了这一点。

而我们所要制造的幽默，也应该力求做到这一点。三言两语的幽默，虽然简单明了，但只要说到点子上，它会比长篇大论更有穿透力。它看起来轻描淡写，既不像小说那样有完整的结构和曲折的情节，又不像喜剧那样有着激烈的矛盾冲突。但是，它就是拥有一种特殊的穿透力，有“秤砣虽小压千斤”的力度和“片言明百句，坐役驰万里”的广度。这种幽默从不靠低俗、油嘴滑舌取胜，而是通过精神层面的交流，表达更深、更广的含义。

7. 让幽默夹杂着针砭和嘲讽

最具嘲讽和针砭意味的幽默大师，恐怕要以捷克斯洛伐克文学家赫拉巴尔为代表。

赫拉巴尔一生际遇起伏，顺境少而逆境多。卑微地活了大半辈子后，赫拉巴尔才认真地开始创作，终于在49岁那年出了他的第一本书。赫拉巴尔的作品充满了黑色幽默，他笔下的小人物让人看得又哭又笑，虽然捷克人的生活很苦很压抑，但他仍要用这种幽默、玩笑来抗衡、消解来自各方面的沉重压力。赫拉巴尔的幽默中渗透的是对人和社会的思考与担忧，使人在笑过之后感受到一种辛酸和压抑。

不为幽默而幽默，让幽默夹杂着针砭和嘲讽，往往可以一举打动人心。

让幽默夹杂着针砭与嘲讽，具有相当的难度。只有那些心系社会民生，并有足够的才能和远见卓识的人，才能创造并领悟这种内涵深刻的幽默。

《中魔的人们》：他们坚信这里的空气包治百病

《中魔的人们》是赫拉巴尔的短篇小说，他在里面的描写深刻细致，语言荒诞幽默，常让人忍俊不禁。譬如，他说在水泥厂飘灰的空气里，生活着一帮快活的人，他们坚信这里的空气包治百病，他们热爱那些我们或许感到烦躁的声响。小说中的人物布尔甘先生用镰刀驱赶蜜蜂，然后一刀砍在脑袋上，就像长出了一个牛角。他不让人拔镰刀，说："等等吧，没准我们家的小子想把它画下来哩。"

关于幽默，赫拉巴尔有自己的解释："幽默和笑是最高的认识，痛苦的事件变成怪诞场面，成为一件轶事的影射和暗喻。令我恐惧的种种事情从怪诞的角度看就都变成了幽默。"而在《中魔的人们》中，那些"不合情理"之处，就是赫拉巴尔式的幽默，才是最有魅力的地方。好的坏的，新鲜的和腐败的，全部都混淆甚至颠倒了，这种混淆和颠倒，就是赫拉巴尔的幽默。由此看来，幽默会给人力量，会给我们带来迎击一切的信心和勇气。

1984年诺贝尔和平奖得主图图主教：我们睁开眼睛时，发现一切都倒了个个儿

图图主教是反对种族歧视的斗士，而且才智过人，极富幽默感。1984年冬，他在纽约一次基督教仪式上说："传教士刚到非洲时，他们手里拿着《圣经》，我们手里有土地。传教士说：'让我们祈祷吧！'我们便闭目祈祷。待我们睁开眼睛时，发现一切都倒了个个儿，我们手里有了《圣经》，而他们手里有了土地。"

作为一名主教，图图主教不希望宗教成为西方国家掠夺土地的手段和工具。但是，西方世界的传教士就是利用非洲人对神灵的敬畏，大肆掠夺非洲人民的土地与财产。于是，图图主教用看似幽默的语言，讽刺了传教士们对神灵的亵渎，对利益的贪婪，更深层地表现了人类本性中的罪恶。现实生活中，很多人都喜欢用这种幽默的方式表达不满，讽刺社会问题。这种幽默沉重，但却渗透着对人性及社会的思考与担忧，是智者幽默的不二之选。

著名杂文家拾风：今日无话可说

解放前，拾风在上海某报当编辑，专门负责主持“每日一议”这个栏目，针对政局和世情民风发些议论。1946年，民主人士马叙伦在南京车站被特务殴打，激起民愤。可是，国民党中央社发出统一新闻稿，严令禁止各报记者采写，议论此事更是遭受压制。

拾风的“每日一议”当然不敢“造次”，可要他违背良心附和政府是不可能的。于是，拾风写下最短的一篇杂文，全文只有6个大字：“今日无话可说！”

正所谓“一寸短，一寸险”，拾风的这6个字，被誉为最有力度、最短的杂文。这仅有的6个字，笔底波澜却胜过万语千言，它的力道，在于不知所指却又众所周知，让人读罢露出一丝苦笑。如果可以，拾风想要说的恐怕更多，但被高压统治所迫，他只能抛出这6个字。这种想言而不敢言的愤怒，凝聚在这短短的6个字中，他把满腔的愤怒，化为无言的声讨，力重千钧！如此看来，讽喻式幽默的分量不在长短，重点在于能否戳到痛处，只要命中靶心，6个字的幽默也可抵万字。

从这种嘲讽、针砭式的幽默方式来看，幽默不仅仅只来源于快乐，悲伤也是“幽默之母”。美国作家马克·吐温也有类似看法，他甚至认为，“幽默本身的秘密来源不是快活，而是悲伤。”马克·吐温在现实生活中发现了许多令人伤心痛苦的事情，却用诙谐而讽刺的笔调写出来，让人忍俊不禁，他用那支幽默之笔写下的人物和故事，给了人们许多笑料，更给了人们许多用以思考社会和人生的荒诞现象。

赫拉巴尔的幽默同样也以“痛苦”为内涵，这与他独特的人生经历有关。他本是位法学博士，但他却不以本业谋生，先后当过仓库管理员、铁路工人、推销员、钢铁厂临时工、废弃物打包工、剧院布景工人和跑龙套的临时演员等，一生都未从事过任何跟法学有关的工作。由于多年混迹在社会最底层，卑微地活了大半辈子，他才有机会接触到形形色色的小人物，发现社会底层的罪恶，从而写出带有强烈个人风格的作品，创造出独特的带有嘲讽与针砭意味的幽默。

我们大多数人的生活阅历比较贫乏，与赫拉巴尔波澜壮阔的一生根本无法做比较。但是，只要我们能开放自己的胸襟和气度，像赫拉巴尔那样拥有一颗正义、正直、善良的心灵，自然就能在浮华世界始终保持一种独特锐利的眼光，创造出属于自己的动人心魄的幽默。

8．学会大智若愚的幽默方式

“大智若愚”原出自《老子》，它在《词源》里的解释是这样的：才智很高而不露锋芒，表面上看起来显得愚笨。莎士比亚在他的著作《第十二夜》中，也让主人公薇奥拉说出了有关大智若愚的一句话：“因为他很聪明，才能装出糊涂人来。彻底成为糊涂人，才有足够的智慧。”

聪明就是聪明，干吗还要装糊涂？翻阅一下历史书你就知道了，古往今来，那些锋芒毕露的人很少会有好下场，最典型的例子就是三国时期的杨修。杨修上知天文，下通地理，才高八斗，博学多才，是曹操手下不可多得的人才。可是，杨修恃才傲物，几次三番猜中曹操的计谋，使曹操不快，最终死于曹操的刀下。

这就是所谓的“聪明反被聪明误”。所以，现在很多的聪明人都懂得收敛锋芒，装糊涂。

“装糊涂”是一种大智慧，虽然在日常事情上显得很傻、甚至会吃亏，但是在根本大事上，装糊涂的人往往可以做得很出色、很成功。而且，适当地装傻、装糊涂，故意装不懂，还能产生一种幽默的效果，让你成为一个受欢迎的人。就拿喜剧演员范伟来说，他很早就开始和赵本山合作，但早期的小品角色既不聪明也不傻，一直停留在“跑龙套”的阶段。直到后期，他开始尝试用“装傻”“被忽悠”的方法制造幽默效果，结果一炮而红，一跃而成为炙手可热的喜剧演员。

这就是装傻的巨大魅力。

生活中，我们常常会用到装傻、装糊涂的幽默，尤其是在身处困境时，大智若愚式的幽默常常能够帮你化解尴尬或者成功脱困。

美国第 40 任总统里根：我只知道 B1 是人体不可缺少的维生素。

一次，里根总统决定恢复生产新式的 B-1 轰炸机。他的这一举措，引起了很多人的反对。在记者招待会上，里根受不了记者的“狂轰乱炸”，便故意装起了糊涂：“我怎么不知道 B-1 是一种飞机呢？我只知道 B1 是人体不可缺少的维生素，我想我们的武装部队一定也需要这种不可缺少的东西。”

话音刚落，会场上响起了掌声。

里根总统当然知道 B-1 轰炸机是什么东西，但在记者的责问下，他只有避开锋芒，故意装糊涂。他的糊涂听起来诙谐幽默，引人发笑，帮他成功地躲开了记者的责难，同时也表达了他的个人观点。在他看来，B-1 轰炸机就是武装部队不可缺少的维生素，所以他才下令恢复生产它。里根的幽默其实就是装糊涂，如果你也遭遇类似问题，就赶紧装装糊涂吧。糊涂装明白了，不仅幽默好笑，还能为你省去许多麻烦。

瑞士教育家彼斯塔洛齐：或者长成女人，或者长成男人

一天，有人想要难为瑞士著名的教育家彼斯塔洛齐，便问了一个十分刁钻的问题：“请问，你能不能从摇篮中就看出，这个婴孩长大后会成为一个什么样的人？”

“这很简单，”彼斯塔洛齐胸有成竹地说，“如果是个女婴，长大后一定会成为妇女；如果是个男婴，长大后肯定会成为大男人。”

从婴儿看出孩子的一生，这实在是个难题，除了野史传说，恐怕鲜有人能做到这一点，彼斯塔洛齐当然也不例外。于是，彼斯塔洛齐装起了糊涂，扔给对方一个小孩子都明白的道理，“憨厚”地说出了一个众所周知的大实话，用幽默巧妙地应付了对方的刁难。生活中，如果你也遇到一些别有用心的刁难，不妨学学这种装憨扮傻法，把自己体面地从困境中解放出来。

美国第 16 任总统林肯：那位先生只署上了自己的名字，却忘了给我写信

一次，林肯在进行演讲时，接到了一位听众递给他的字条。林肯打开一看，上面只写了两个字——傻瓜。

林肯并不生气，反而微笑着说：“我收到过许多匿名信，全部只有正文，不见署名。而今天正好相反，刚才那位先生只署上了自己的名字‘傻瓜’，却忘了给我写信。”

场下的听众哈哈大笑。

这位匿名听众的真正用意，林肯再清楚不过了。但是，他并不气恼，反而在大家面前装起了糊涂，把对方泼过来的脏水反泼到对方头上。林肯总统一直很擅长装糊涂，在他的政治生涯中，曾数次使用过这种幽默方法，成功地借助对方非难、责难时的某些字眼或惯用词汇，将计就计、移花接木，或者分散人们的注意力，或者反将对方一军。这是一种经典的装傻幽默，很值得大家效仿。

每个人的头脑反应速度不同，不是谁都能在遭遇突发状况时随机应变。如果你自认才思不够敏捷，倒不妨学学大智若愚的幽默方式。无论你是真糊涂还是假糊涂，只要你能选准时机糊涂一下，就能收到很好的幽默效果。

举个例子：你是位女士，到商场试衣间试衣服。结果，你刚推开试衣间的门，就看见里面有位男士换衣服，衣服脱得只剩下内裤。这种场景很尴尬，尤其是试衣间里的男性朋友，想必羞得想要钻地缝了。这时，你倒不妨装一装糊涂，一边关门一边说："哦，这位小姐很对不起！"

明明看到的是位男士，关门道歉时却偏偏说成小姐，这样装糊涂弱化了性别差异，可以减轻对方的尴尬感，化解双方的难堪。

其实，类似的装糊涂方法还有很多，我们需要注意的就是拿捏好分寸，"傻"得恰到好处。要知道，我们追求的是大智若愚，而不是粗俗下流，千万不要装傻充愣到让人感觉不舒服的程度，那只会适得其反。

9. 恶搞之中的幽默智慧

恶搞文化又称作 Kuso 文化，正式名称是恶意搞笑，发源于日本游戏界，后来逐渐成为网络上的一种特殊文化。如今，恶搞已经有了新含义，一般可以理解为用滑稽、搞笑等方式，表达出自己心里对某些事物的看法。

有人说，恶搞是人民冷嘲热讽的解构姿态，恶搞是人民喜闻乐见的文艺批评，恶搞是人民平凡有趣的精神追求。因为，这个世上有太多不合情理的事情摆在那里，无论你是叱咤风云的大人物，还是什么正儿八经的新政新规，也无论是人是事，只要它存在不合理之处，就会被人拿去恶搞一下，让所有人自娱自乐一番。

所以，恶搞式幽默，也蕴涵着人民的大智慧。即便我们只是草根一族，也有幽默发言的权利。

恶搞式的幽默，并不仅仅只是恶意搞笑而已。我们真正要做的，是通过恶搞让人发笑，并在笑声中有所领悟。

胡戈：一个馒头引发的血案

2005年，陈凯歌导演的《无极》成功斩获近2亿的票房。不过,《无极》票房虽热，评论却很不理想，大多数观众都看得一头雾水，不明所以。于是，富有娱乐精神的胡戈制作了个长达20分钟的短片：

一个小小的馒头引发出一场惊天血案，本该是天真无邪的儿童却因为一件小事造成了人性扭曲，公安干警奉命抓捕犯罪嫌疑人，案情扑朔迷离……敬请收看《法制在线》2005年终特别版：《一个馒头引发的血案》……

很多中国网友第一次接触"恶搞"一词，就是从胡戈的《馒头》开始的。胡戈的短片重新剪辑了电影《无极》和中央电视台社会与法频道栏目《中国法治报道》，搞笑的对白，滑稽的视频片段分接，另类的穿插广告，让观众在笑声中明白了电影《无极》到底在说些什么，大大地揶揄恶搞了陈凯歌一番。

如今，"恶搞"这个词已经吸引了越来越多颇具才华的网友加入，而随着"恶搞一族"队伍的日渐庞大，现在"恶搞"几乎成了一种最新的网络文化，占领了各大论坛排名的前列，而且几乎每天都不乏精品的出炉。需要注意的是，这里的"恶"并无恶意，它只是一个程度副词，有"超出一般程度""让人哭笑不得"的含义。我们需要的是通过恶搞表达自己的想法，而不是羞辱伤害他人。

意大利诗人但丁：你可以向同桌的那些大鱼们打听一下

威尼斯执政官邀请但丁去参加他们举行的宴会。上菜时，但丁看到侍者给自己端来的是一条很小的鱼，而旁边那些意大利各城邦使节面前的鱼却一条比一条肥。但丁见状，一声不吭地用手把盘子里的小鱼提了起来，然后凑到自己的耳边仔细地听。

"您在干什么？"执政官纳闷地问。

"是这样的，"但丁一本正经地说，"几年前，我的一位朋友不幸掉到了海里，至今杳无音讯，不知道现在是否还活着，所以我就问问这些小鱼，看它们知不知道他的情况？"

"那小鱼说了些什么？"

"它们对我说，'我们还很幼小，不知道过去的事情。不过，你可以向同桌的那些大鱼们打听一下。'"

执政官听了这话十分尴尬，连忙吩咐给但丁换上一条最大的鱼。

但丁是当时最杰出的语言学家，他有诗人的柔肠与激情，也有学者的锐利与智慧。当执政官"见人下菜碟"，故意给但丁端上小鱼后，但丁一本正经地向对方发起了反攻。他没有直接阐述不满，而是旁敲侧击地恶搞作秀，让执政官们自己去领悟其中的含义。试想一下，在大型宴会上把鱼拎到耳朵边自言自语，那该是多么幽默又讽刺的画面！

恶搞式幽默的用途非常广泛，可以在身处困境时利用它解围，可以在遭人攻击时以幽默还击，还可以用它来表示对某人某事某物的不满。当然，要将恶搞的幽默威力充分发挥，你还得做些准备工作。

如果你想要利用恶搞式幽默为自己发声，首先就要选好材料。在日常生活中，你应该注意观察和发掘一切可以作为揶揄捉弄素材的人或事，譬如胡戈认为《无极》的情节离奇经不起推敲，便以此为材料加以恶搞；风靡一时的恶搞短片《网络惊魂》和《007 复仇记》，则分别对国内两家电信服务商进行了恶搞式批评，让人在笑声过后了解事情的真相。

需要注意的是，这种恶搞式幽默要注意分寸，要懂得尊重知识产权，以免引起纷争。另外，恶搞式幽默旨在揭示实质问题，而不是恶意攻击，更不要过分炒作某些作品中的劣质成分。大家应该态度积极，使"恶搞"

像“涂鸦”一样发展成有艺术含量的行为。

如果你只是想利用恶搞表达对某人的不满，那就更需要注意拿捏分寸。如果对方脸皮薄，话只要点到为止就好，别做得太过火，易伤人伤己。如果对方伤害了你，无论你怎样暗示他都弄不清你到底在“搞”些什么，那你就不妨打开天窗说亮话，让对方彻底明白。

第4章

幽默也是武器，进攻防守两相宜

社交在现代生活中具有相当重要的地位。社交的成功，就意味着彼此喜欢、赞赏、信任，并愿意互相帮助、互相支持，就表示着我们又多了一个新朋友。但在社交场合中，有朋友就必定有敌人，你又不是人民币，怎能奢求让每个人都喜欢你？

不过，有敌人也不怕，如果你不幸遇到来自他人的恶意攻击，就用幽默来巧妙应对吧！幽默在社交中具有强大的作用，不仅可以轻松化解来自敌方的嘲笑或误解，帮助彼此宣泄负面情绪，还能化身为一颗〝糖衣炮弹〞，表达你的不满、提出你的批评。在面对敌人恶意攻击时，幽默还能成为你的进攻武器，让你淡定自如、气定神闲地给他回马一枪，这优雅的一击不仅可以直接击中对方要害，还能展现出你的大家风范，真可谓一箭双雕。

这一章，就讲述了运用幽默武器的技巧，它进可攻，退可守，进攻防守两相宜，掌握了这些方法，就可以使你在社交场合中永远立于不败之地，从而赢得人们的尊重和认可。

1. 用幽默语言避开正面冲突

在人际交往中，我们不可能事事一帆风顺，更不可能让每个人都喜欢我们，对我们笑脸相迎。如果我们被他人误解，或者遭受来自对方的嘲笑、贬损，应该如何应对？

首先要做的，当然是控制自己的情绪。如果太过冲动，就会造成人际关系的不和谐，对自己的生活和工作都将带来很大的影响。于是，如何松弛紧张情绪，避开冲突，让自己摆脱处事的烦恼，就成了我们必须面对的一道题。

其实，避开冲突的方法很简单，你只要能够让对方笑出声来，再大的问题也会由大化小，再由小化了。而幽默，就是让人发笑的有力工具。气氛紧张时，适时幽默一下可以帮助彼此宣泄负面情绪，心情好了，还有什么问题看不开，什么矛盾解不开呢？

生活中的磕磕绊绊在所难免，愚者剑拔弩张，将战火蔓延到生活各处；智者则一笑置之，不仅能机智避开冲突，更能赢得他人的尊重。

连任四届的美国总统罗斯福：我是用牙齿使劲咬断了 17 株树

罗斯福年轻时体力比不上别人。有一次，他与人一起去白特兰伐树，到晚上休息时，他们的领队询问白天各人伐树的成绩，同伴中有人答道："塔尔砍倒 53 株，我砍倒 49 株，罗斯福这个笨蛋只砍了 17 株。"

"你说得不对，我是用牙齿使劲咬断了 17 株树。"罗斯福微笑着说。

虽然同伴说的是玩笑话，但这话对罗斯福来说可确实不怎么好听。不过，罗斯福没有发怒，反而以幽默的方式心平气和地面对自己的不足和他人的攻击，自我揶揄自己砍的树简直和老鼠筑巢时咬断树基一样，不仅避免了冲突，还缓解了尴尬。他的幽默，体现了他非同寻常的忍耐力和大度宽容的胸襟，是非常值得我们学习的。

英国前首相威尔逊：我马上就要讲到你提出的关于肮脏的问题了

威尔逊在广场进行演讲，演讲刚进行到一半，就有捣蛋分子高声打断了他："粪便！垃圾！"

"粪便"是英美国家的"国骂"，辱骂对方的人格和粪便一样肮脏。被骂的威尔逊并不恼火，反而不慌不忙，以安抚的口气对那个人说："这位先生，请不要着急，我马上就要讲到你提出的关于肮脏的问题了。"

全场大笑，而那人语塞。

捣蛋分子大喊"粪便""垃圾"的真正含义，在场的所有人都心知肚明，威尔逊更是如此。但是，他知道在公众场合回骂不仅无济于事，反而有损自己的颜面。于是，他故意装傻，不仅不发怒，还心平气和地安抚对方，让场下听众笑成一片。如果你也遭遇别人挑衅，不妨像威尔逊那样故意装傻，曲解对方用意，不仅可以把对方的攻击化于无形，还能让其他人见识到你的大气度，更愿意与你亲近。

美国著名诗人拉塞尔·艾伯克龙：我们用各自没有卖出的书来投掷对方吧！

一次，艾伯克龙在一篇文章中提出，年轻诗人应放弃无聊的写实主义，而去研究英国诗人威廉·华兹华斯及其著作。另一位诗人埃兹拉·庞德由于对其极大不满，便写了一封信：

亲爱的艾伯克龙先生，愚蠢超过了一定限度便成为对读者的威胁。我特此提出与你决斗，日期视你的方便越早越好。我的助手在适当的时候将会拜访你。

艾伯克龙看到这封信真是吓坏了，因为他知道庞德的剑术十分厉害。然而，他又想起，按照惯例，受到挑战的一方有权选择武器。

于是，他给庞德回信说："亲爱的庞德先生，我接受您的挑战，但我们决斗的方式必须是用各自没有卖出的书去投掷对方！"

原本还气呼呼的庞德看完信后，哈哈大笑，决斗的念头一扫而光。

在很多人看来，敌对一方提出决斗时，无论我们实力如何，都应该做个男子汉勇敢迎战。但是，艾伯克龙却不逞强，他知道如果用剑去跟庞德决斗，自己非死即伤。于是，艾伯克龙避其锋芒，不去硬碰硬，幽默地表示，要用"各自没有卖出的书"作为武器，去投掷对方。这番巧妙的回答，不仅保全了面子，还很好地化解了彼此的矛盾。如果你在生活中也遇到这种挑战，一定要主动避其锋芒，不要硬碰硬，以幽默化解彼此间的矛盾，这不是软弱，而是保全自己的明智选择。

传统中医认为，生气对身体是非常有害的，"气"这种物质憋在心里，是导致各种病症的重要原因。而随着生活节奏的加快、生存压力的激增，我们内心中压抑的怒气似乎越来越多，为了发泄内心的愤怒，各种吵架冲突随处可见。可你若追究吵架的原因，往往是一些鸡毛蒜皮的小事，比如一个人踩了另一个人的脚，或者因为一个人撞了另一个人，或者干脆就是看你不顺眼。

其实，发泄不满情绪的途径有很多种，用“出气筒”发泄不仅无济于事，反而会让你的情绪和处境变得更糟糕。如果你不巧碰上个心情不好的人，偏巧拿你做了“出气筒”，别和他争执，不妨心平气和地逗对方笑上一笑，不仅能巧妙化解你的尴尬，也会抚平对方心中的怒火。

譬如你现在正遭遇某人嘲笑，不用着急发火。如果对方的嘲笑中确有其事，就应该勇敢地承认，这样对你不仅没有损害，反而大有裨益，罗斯福“咬断 17 棵树”的幽默就是个很好的例子；如果对方只是横加侮辱，盛气凌人，且毫无事实根据，那么这些对你也是毫无损失的，你尽可置之不理，也可以像英国首相威尔逊那样装糊涂开玩笑，这样会更加显现出你的人格。

当然，你是否能够在冲突面前控制好情绪，还和你的气度、涵养、胸怀、毅力有关。大凡气度恢宏、心胸博大的人都能在失意时坦然处之，甚至乐观幽默地面对。如果你也想成为一位超然物外的智者，不妨就先从幽默开始修炼吧！

2. 幽默力助你化干戈为玉帛

很多人都有这样的体验：你与别人谈话时，对方竟然把你的话驳回，换之以带刺的应答。这种情况的发生，大多与交流沟通不畅有关。如果任由其发展下去，就会破坏原本和谐的人际关系，使关系越闹越僵。

而且，这种敌对情绪的产生有时是毫无来由的，举手投足，有意无意，在你看来并无不妥的言谈举止，到了对方那里都带有负面色彩。这种难堪、尴尬的交际，每个人都不想遇到。如果，偏巧有这种情况发生在你身上，你是否懂得利用幽默巧妙应对呢？要知道，幽默可是化解敌意的良药，而且屡试屡爽，让你轻松化干戈为玉帛。

幽默语言是一种润滑剂，可有效地降低人与人之间的“摩擦系数”，并能使我们从容地摆脱沟通中可能遇到的种种难题。幽默之所以能够化解敌意，很重要的一点在于，我们通过发笑，可以将内心的紧张和重压释放出来，使人际关系和谐温暖，敌意自然也会消失于无形。

俄国著名活动家普列汉诺夫：早知道是这样，我们应该带个冷若冰霜的美女

一次，普列汉诺夫在日内瓦做关于《无产阶级与农民》的演讲。这次演讲遭到了社会革命党人和无政府主义者的捣乱，不时有人吹口哨，有人叫嚷，会场内一片混乱。

"早知道会是这样，我们来时就会带……"普列汉诺夫停顿了一下，"带个冷若冰霜的美女！"他沉着冷静地说。

场下的听众哈哈大笑。更令人惊奇的是，观众再没有叫嚷、吹口哨，让普列汉诺夫顺利地做完了自己的演讲。

普列汉诺夫讲话停顿的时候，绝大多数人都会认为，他接下来要说的应该是带上刀枪、棍棒、炸弹等等武器，这时好能派上用场。可是，普列汉诺夫不按常理出牌，偏偏说要带个美女，而且还是冷若冰霜的美女。这一出口与听众预料形成反差，妙趣横生，让听众不得不开怀大笑。在如此轻松愉悦的气氛中，来自听众的敌意自然也就消失了大半，谁都不忍再继续为难他。

在生活中，我们很可能也会遇到与自己意见相左的人，他们不停地找麻烦，引发事端，好让我们陷入尴尬境地。这时，你可不要傻傻地和对方硬碰硬，倒不如运用智慧寻找突破口，帮你化险为夷。

美国第 40 任总统里根：他们想使我有一种宾至如归的感觉

里根总统去加拿大访问，他在某城市发表演说时，遭到了一些反美示威者的游行抗议。加拿大的总理皮埃尔·特鲁多为此感到非常尴尬。

"这种情况在美国经常发生，"里根总统微笑着说，"我想这些人一定是专门从美国赶来贵国的，因为他们想使我有一种宾至如归的感觉！"

里根总统刚一说完，特鲁多总理就如释重负地笑了起来，就连场下的游行群众中也是笑声连连。

里根总统遭遇到的敌意主要来自游行群众，他寓庄于谐、幽默风趣的言谈和恰到好处的自嘲，不仅缓解了自己的尴尬和难堪，也消解了游行群众的敌对情绪，更消除了加拿大总理的拘谨和不安。里根总统的这一幽默可谓一箭三雕，更让我们在大笑之余，见识到了他的乐观、豁达和善良。带有善意的幽默总是受欢迎的，哪怕你的幽默水平并不高，听者也会给足你面子。

要想用幽默的方式化解对方的敌意，我们首先要做的就是消解自己的敌意。

或许你会问：明明是他来挑衅我，我怎么会对他有敌意？原因很简单，对方向你投射敌意之所以会成功，就是因为你心中埋藏着很多敌意。如果你心中没有敌意，那么敌意的投射就会彻底无效。在上文的例子中，无论是普列汉诺夫将军还是里根总统，他们对对方的挑衅都以平和之心加以包容，这是能以幽默化解敌意的前提。

当然，要包容敌意并不简单，如果你是个火气大的人，倒不妨听听美国催眠大师斯蒂芬·吉利根的说法。他说，一个人向你打出一拳，你可以当面去感受这一拳打来，你也可以转身站在对方的后边，从这个角度感受他。这时两种感受截然不同，第一种情形下，你会感觉到紧张，而且会有恐惧或怒气升起，而在第二种情形下，你的身体是放松的，而且会对这个人产生一种理解甚至悲悯。这是一个很好的做法。解释起来可以说，假若你以为，对方的敌意是针对你的，那么你也会有敌意产生，但假若你试着站在对方的角度上，尝试着把对方的一些行为或情绪视为可以接受的，那么敌意自然就得以消除，你们之间的关系危机就成功地消解了一半。

消解了来自己方的敌意后，接下来你要做的，就是适时地把对方逗笑了。比如像普列汉诺夫那样悔称没带“冷若冰霜的美女”，或者像里根总统那样先拿自己开涮，都可以轻松地化解敌意，活跃气氛。如果对方是个“硬骨头”，对你的敌对情绪十分坚定，那你就不妨采取“冷却”的方法。你可以通过递杯清水、请抽根烟等等方法暂时打断谈话，然后尝试用赞美对方或者找一些欣喜、有趣的事情来缓和气氛。通过这一番“折腾”，一般都能成功地消解敌意，甚至还能让你们化敌为友！

3. 出糗不可怕，让大家一起开心一下

一个人的糗事，具有非常强大的娱乐效果和励志效果。

美国总统小布什曾在伊拉克被记者连扔两鞋，就此身陷“扔鞋门”。美国人民不认为这是关乎国家荣耀的国际事务，反而拿布什开起涮来。电视新闻主持人揶揄布什说：“你可以不喜欢布什总统，但你不能不承认他身手敏捷。”网游公司还推出了一款“扔鞋门”游戏，短短几天内就有 140 万人次点击参与。

总统的糗事，成为全美国人快乐的源泉。

总统出糗都要被人涮，更何况我们普通人？每个人都会有出糗的情况，譬如众目睽睽下摔个屁墩儿啦，方便后忘记给裤子“关门”啦，去餐馆饭毕发现没带钱包啦……这些都会让你觉得很尴尬，可接下来周遭人们那肆无忌惮的大笑，恐怕会让你想立即找个地缝钻进去。于是，你就像个小丑，可怜巴巴地“被”幽默了一回，让你的糗事看起来更“糗”。

在糗事发生后，很多人都尴尬不已，恨不得立即找个地缝钻进去。其实，在出糗时，我们完全可以变被动为主动，主动幽他一默，让大家一起笑一笑。

篮球教练邓华德：球迷换台是因为解说员

在一次中美男子篮球热身赛上，中国队员开场失误不断，在近8分钟的时间里，竟然只依靠罚球获得3分。为此，很多球迷都在网上表达不满，直言要换台去看中国足球的比赛。虽然在后面的比赛中，中国队渐渐进入状态，并最终以70比55击败美国队，可球迷对糟糕的第一节还是十分不满。

在赛后的新闻发布会上，有记者向中国男篮主教练邓华德提起，有球迷因为场面难看想换台的事情。记者话音刚落，会场上嘘声一片，更有一些好事者等着看邓华德出丑。没想到，邓华德面带微笑反问道："你确定，球迷想换台不是因为解说员？"

场下响起一阵爽朗的笑声，记者们也没再就这个问题难为邓华德。不过，邓华德并不想逃避问题，他认真解释了球员表现不好的原因，表示他在首节强调的就是防守，而不是进攻，并希望球迷们能够继续支持中国男篮。

有了这样认真而又不失幽默的解释，哪有球迷还忍心责怪他呢？

邓华德算不上是位有幽默细胞的人，但在咄咄逼人的记者面前，为了不颜面扫地，他急中生智迅速把包袱扔给了不在场的解说员。邓华德危急关头的一句玩笑话，成功地博得了众人的一笑，使周遭的氛围立即变得轻松随和许多。在轻松的氛围中，棘手的难题变简单，处理起来才能更得体，结果自然也就更易被众人所接受。

南非前总统曼德拉：你们要原谅一位老人

在一次南部非洲发展共同体首脑会议上，前南非总统曼德拉接受了南共体授予他的"卡马勋章"，并做了一段重要的演讲。讲到一半时，曼德拉突然发现讲稿的前后页顺序弄乱了，来回翻看却一时找不到正确页码。这时整个会场一片寂静，曼德拉也嗅出了空气中尴尬的气氛，便不慌不忙地说："我把讲稿的次序弄乱了，你们要原谅一位老人，不过，我知道在座的一位总统一次发言时把讲稿次序弄乱了，而他自己却不知道，照样往下念。"

曼德拉说完，整个会场哄堂大笑。不过，曼德拉还觉得不够，他又接了一句说："其实，讲稿不是我弄乱的，秘书是不应该犯这样一个错误的。"

于是，刚刚止歇的笑声再度响起，大家连连鼓掌，会场里掌声连成一片，满堂喝彩。

曼德拉有种与生俱来的幽默感，他的幽默毫无哗众取宠、故弄玄虚之嫌，反而像是和你自然地闲话家常。即便不小心出了糗，他也脸不红心不跳，而是主动采取一种低姿态，请大家原谅一位脑筋糊涂的老人。一位82岁的老人提出这样的要求，谁还忍心责怪？不过，曼德拉更厉害的在于，他在道歉之后还能沉着冷静地把"战火"引到其他人身上，使他的错看起来微不足道。他的每一句话都是嫁接自然，妙趣横生，还拐弯抹角地道出许多你所不知道的秘密。

美国第40任总统里根：亲爱的，只有在我没有获得掌声时，你才应这样表演

一次，里根总统在白宫钢琴演奏会上进行演讲。演讲正进行到一半，他的夫人南希不小心连人带椅跌落在台下的地毯上。

在观众的惊叫声中，南希灵活地爬了起来，在200多名宾客热烈的掌声中回到自己的座位上。

南希的这一跤，不仅让南希自己觉得难堪，就连里根总统也觉得有些尴尬。他见夫人并没受伤，便诙谐幽默地说："亲爱的，我告诉过你，只有在我没有获得掌声的时候，你才应这样表演。"

人群爆发出热烈的掌声，里根夫妇的尴尬也就此化解。

南希的摔倒，让这对夫妇感觉很尴尬。这种时候，里根总统若一言不发，就会显得夫妻关系不够融洽，不仅南希夫人难堪，就连台下的人也会觉得不快。可他若是埋怨南希，或是埋怨会场布置疏忽，恐怕就会显得他有失风度。于是，里根总统编造了一个小故事，不仅化险为夷，给他们一个台阶下，更显露了自己的幽默、豁达，进而拉近了和听众的距离。出糗后胡诌的东西可以天马行空、不着边际，没人会去计较真假，只要能够在当下转移大家的注意力、缓解尴尬氛围就大功告成了。

越是在出糗的危急关头，就越是考验你的幽默能力。你没有时间搜肠刮肚想招数，必须在最短时间内做出反应。如果你不能迅速转移尴尬，找不到那个无伤大雅的替罪羊，那就不妨厚着脸皮拿自己开涮。弗洛伊德不就说过吗，“最幽默的人，是最能适应的人。”

举个例子，你不小心当众摔倒怎么办？红着脸偷偷溜走？这可不是上策。你为什么不试试气定神闲地爬起来，然后问问周遭的人：“我的屁股成两瓣了吗？”大家听了必定会哈哈一笑，但最初那种出糗、尴尬的氛围会一扫而空，大家对你的印象也会扭亏为盈。如果你是位女性，提“屁股”有伤大雅，那不妨在站起身后自嘲一句：“这一跤跌得难看，但我起来的姿势还比较淑女吧？”

总之，只要你镇定自若，看到你出糗的人也会觉得此事不严重。如果你先自乱了阵脚，就会让人觉得懦弱，并且更易出错。

如果你自我解嘲之后，周围人仍笑个不停，那就由着他们去吧。你该听过这样一句笑话吧？“你有什么不开心的事儿？快说出来，让大家开心开心。”这简单的一句话，暗藏着一条人生哲学，人们喜欢通过别人的倒霉来提升个体自尊、衬托自己的“幸运”。这也是人们喜欢关注名人“绯闻”“丑闻”的根源所在，因为这会使人们对自己社会角色的信心更会倍增。所以，别把出糗当作大事，只要你心理健康，乐观豁达，幽默感就会自然而生。更何况，出丑也不都是坏事，比起无可挑剔的人来说，有些小缺点的人更显得真诚、可信，自然也会在人际交往中充满魅力。

4. 幽默地表达不满，才是真正的话术高手

与人交往，别人的言谈举止未必处处合我们的心意。如果遇到了令自己不满的事情，我们应该如何表达出来？直接说明是最简单的方法，但这很容易伤害他人，对于处理问题往往无益，甚至会使事情变得更糟糕。于是，如何表达不满，就成了我们必须要学的一门学问。

其实，表达不满并不复杂，只要你能为自己不满的言辞包裹上幽默的外衣，让对方听得顺耳一些，不让他觉得尴尬难堪，对方一般都会欣欣然地接受你的意见、建议。当然，如果对方脸皮过厚，甚至达到不知廉耻的地步，那你就不妨利用幽默言辞，狠狠地将他一军！

语言向来是贵精不贵多。如果你对某人某事产生了不满，一定要注意避免正面冲突，尝试用幽默言辞宣泄不满，因为正面冲突往往是激化矛盾和招致烦恼的导火索。

法国作家特林斯坦·贝尔纳：您以后再也见不到我啦！

一次，特林斯坦·贝尔纳到一家饭店吃饭，对厨师和服务员的表现十

分不满。结账后，贝尔纳请服务员把经理叫来。

“请问有何贵干？”经理满脸狐疑地问。

贝尔纳见到经理，立即热情地靠了上去，大声地说：“请您拥抱我！”

“为什么？”经理十分不解。

“因为您以后再也见不到我啦！”贝尔纳挥着手高兴地说。

吃饭误撞进一家“坏馆子”，这的确让人觉得不爽。但是，如果因为一顿饭大发雷霆，把事情闹大，仿佛又没有必要。但是，如果不宣泄自己的情绪，心里又会觉得不爽。于是，贝尔纳巧妙地把明话以幽默的方式暗示过去，经理心里自然会明白个中缘由，这样既发泄了不满情绪，避免了对方难堪，又能免去一些不必要的麻烦。这种表达不满的方式非常值得学习，如果你也遇到类似事件，千万不要出口不逊，拍着桌子逮谁骂谁，一则显得涵养不够，二来看起来像在找茬儿闹事，倘若经理是个厉害角色，恐怕真会让你吃不了兜着走了。

德国铁血首相俾斯麦：没什么，我只是在和部下联络罢了

俾斯麦身为军官时，曾寄宿在一位以吝啬出名而且非常厌恶德国的男人家中。一天，俾斯麦要求男人在他房间装设一个电铃，这样他在传唤部下时就不用声嘶力竭地喊叫了。可是，男人一口回绝了这一提议，他才舍不得在房客身上多花一分钱。

当天黄昏，从俾斯麦的房间里突然传出几声枪响。男人吓了一跳，连忙跑进俾斯麦的房间查看。他刚一进房门，就看到俾斯麦表情沉着地坐在书桌前工作，此时，男人的表情比先前还要惊愕。

“请问，这到底是怎么回事？”男人指着放在书桌上，枪口还冒着烟的手枪问俾斯麦。

“没有什么，我只是在和部下联络罢了！”俾斯麦面不改色地回答。

第二天早晨，他的房间立刻装上了电铃。

俾斯麦不愧为“铁血首相”，行事作风果然霸道。他知道对于这个“以吝啬闻名又非常厌恶德国的男人”来说，在言语上表达不满恐怕不能奏效，于是他采取了这一极端做法表达不满。让人发笑的是，俾斯麦开枪惊吓对方后，竟保持一副坦然的样子说“我只是在和部下联络罢了”。可以想象，对方望着冒烟的手枪，听着如此荒谬的解释，脸上会呈现出怎样一副目瞪口呆的模样。而对于这样的人，这种用极端方式表达不满的方法，反而更加有效。当然，对象的选择还需谨慎，如果对方也是个剽悍的人物，恐怕免不了要以硬碰硬，事情就难以收场了。

在对某人某事表达不满前，首先应该做的是重新思考一下来龙去脉：你是否误解了对方？误解了某事？如果一切都是误会，大家只要开诚布公做好交流沟通，一切矛盾都会自然化解。

当然，如果对方果真做了让你不满的事，那就用幽默表达出来吧！譬如你去吃日本料理，发现生鱼片一点儿都不新鲜。这时，你可以像法国作家特林斯坦·贝尔纳那样默默吃饭，然后给经理一个热情的拥抱，永久地道别。这是一种明褒实贬，对方不是傻子，当然会知道你的真实用意，但绝对不好对热情微笑的你发作。

除却这种明褒实贬法，你也可以幽默地对经理说：“早知道是这样的料理，我前几天就应该来啦！”听到这种话，经理一定会得意地道谢，这时你再微笑着表明原意：“我的意思是，这生鱼片前几天吃一定比较新鲜。”

这种表达不满的方式很巧妙，你先用言语把对方捧高，当对方进入你的语言圈套后，你再表露真正的意图，而这戏剧性的逆转，不仅可以产生出人意料的效果，更能使对方更加深刻地体味到你的不满情绪。

当然，你也可以学学俾斯麦，用力地大拍一下桌子，然后冲着盘子里的鱼吼道 :“明知我今天才吃你，就不能劳驾您晚两天死吗！”需要注意的是，我们大喊的对象是盘子里的鱼，而不是餐厅经理。这样巧妙的暗示，既可以避免不必要的麻烦，又能发泄自己心中的不满。你可千万不要把事情闹大，最终花了钱，还生气，那可就得不偿失了。

5. 幽默地批评，“糖衣药片”比苦口良药好吃

俗话说，“良药苦口利于病，忠言逆耳利于行。”可实际上，这话并不很妥当。就拿药片来说，现如今苦口良药的销路并不见好，大家都喜欢买糖衣药片——吃起来是甜的，吃到肚子里的药效却是一样的。

至于那些逆耳的忠言或者批评，也没有必要那么声色俱厉。

在中国历史上，以直言上谏闻名的人恐怕就是魏征了。他对唐太宗李世民一点儿情面不留，什么难听的责难话都说得出来。一次，太宗皇帝受不了他的指责和批评，生气地对妻子长孙皇后说，他早晚有一天要杀死魏征那个乡巴佬。长孙皇后没有指出皇帝的错处，而是换了身朝服向皇帝下拜，说陛下您真是太英明了！

太宗皇帝不解，长孙皇后连忙解释说：“我听说英明的天子才有正直的大臣，现在魏征这样正直，正说明您是位英明的君主啊！”

长孙皇后这番好听的话，终于浇熄了太宗皇帝满腔的怒火，这才打消了杀魏征的念头。

这是个很耐人寻味的故事。魏征直言上谏，气得皇帝动了杀机；长孙皇后却把批评的话往好听了说，结果太宗皇帝欣欣然地接受了。两种“忠

言”效果迥异，孰高孰低，孰优孰劣，由此可见一斑。

要想忠言听起来顺耳，只靠溜须拍马是不行的。批评太甜太腻，太好听太顺耳，恐怕很难收到预期的效果，有时甚至适得其反。你得在好听与逆耳之间拿捏个“度”，而幽默就是把很好的尺子，使用得当就可以让批评“话半功倍”。

中国外交部发言人刘建超：我得注意谁在解鞋带

美国总统布什在伊拉克举行记者会时，遭到伊拉克记者“扔鞋门”。对于此事，各国媒体见仁见智，评说不一。

在一次记者招待会上，有记者要求刘建超谈谈对此事的看法。

这个问题很难。美国侵略伊拉克，伊拉克公众非常反感美国人，“扔鞋门”也是由此而生。在伊拉克，已经有成千上万人支持扔鞋者，呼吁释放因扔鞋被扣押的记者。但是，布什毕竟是美国总统，向布什扔鞋就是对美国总统、对美国的不尊重。

刘建超当然意识到了问题的严重性，他认真思考了一会儿，微笑着回答道：“针对这件事，每个人都会有自己的看法。但我认为，对一个国家领导人应该有起码的尊重。这件事也提醒我，在这里观察谁要举手提问题的时候，同时还要注意谁在解鞋带。”

刘建超说完，全场记者们都笑了起来。

刘建超的这番幽默十分得当。“对一个国家领导人应该有起码的尊重”，就是他对此事的立场。在国际场合开会乱扔鞋、乱吵骂斗殴，是不能解决问题的，对此他提出了善意的批评。但是，他不想惹到伊拉克民众，便连忙说了句“还要注意谁在解鞋带”。这是整段话的亮点，把所有人的注意力都引到了这里。看来，我们在批评他人时，一定要用幽默把批评语言进行“包装”，既收敛了锋芒，又可在字里行间彰显善意公正的立场，这样的批评滴水不漏，任谁也挑不出毛病。

苏联诗人依尔·斯洛夫：你得把吸墨水的纸嚼碎吞了

依尔·斯洛夫的小儿子舒拉是个淘气鬼，很喜欢出风头。一次，舒拉别出心裁地喝了半瓶墨水，吓得奶奶连忙打电话向医院请求急救。依尔·斯洛夫知道墨水不至于使人中毒，用不着惊慌，便语气轻松地问舒拉：“你真的喝了墨水？”舒拉听罢，得意地伸出沾满了墨水的舌头，做了一个鬼脸。依尔一点也不生气，反而拿出一叠吸墨水的纸，微笑着对小儿子说：“现在没办法了，你得赶快把这些吸墨水的纸嚼碎吞下去！”

舒拉被父亲的话吓了一跳，对自己刚刚的举动后悔不已。正在他打算“吃纸解毒”时，家人却哄笑起来，把舒拉窘得满脸通红。那以后，舒拉再也没有犯过类似“出风头”的错误了。

依尔·斯洛夫是个很幽默的人，他的幽默不仅使孩子免去了在家长面前的拘谨，又能使孩子在轻松的笑声中认识到自己的错误，并主动做出改变。相比之下，中国的很多家长更喜欢板起脸来用严厉的话语批评孩子，这很容易伤害孩子的心。其实在批评面前，不仅孩子如此，大人也是一样。如果我们能幽默些，随和些，让批评的话语变得有趣、亲切，被批评的一方会非常乐意做出积极的改变。

文学家鲁迅：拟给 90 分，其中 85 分给罗素

一次，鲁迅的夫人许广平作了《罗素的话》一文，请他指教。

鲁迅看过后，风趣地评了分：“拟给 90 分，其中给你 5 分，抄写功夫 3 分，末尾几句议论 2 分，其余的 85 分给罗素。”

鲁迅的评分，表面上给足了许广平面子，但实际上却诙谐地批评许广平将“借鉴”变成了“生搬硬抄”，因为缺少己见，使得整篇文章变成了名副其实的“罗素的话”。这样的批评听来顺耳，就像给咖啡加了

点糖，品起来是甜的，但所含的内容并未改变，让听者自己去回味和体悟自己的错误。

要想使批评变得好听，首先就不能直来直去。批评最讲究的就是曲径通幽，和风细雨式的劝说和春风化雨般的提醒，往往更能说服和点醒对方。

举个简单的例子。你的一位女下属做事总是马虎大意、丢三落四，你该怎样给她建议？你可不要直来直去，直接对她提出批评。大家都看过理发师给人刮胡子吧？他要先给人涂些肥皂水或者剃须液，这样刮起来才不会让人觉得痛。我们对人提出批评时也是如此，应该在忠言外面包裹些幽默、好听的话，巧妙地暗示对方注意自己的错误。就拿这位马虎大意的女士来说，你可以先夸赞她的衣服漂亮，正适合她那样苗条美丽的女性。等她笑吟吟乐呵呵地接受了你的赞美，你再带些调侃的语气对她说：你可千万不要骄傲哟，我相信你做事也会像你本人一样漂亮利落！

除了委婉表达法，你也可以尝试假托第三者传达对对方的批评。譬如你在与一位平时有些马虎的女下属聊天时，可以假装不经意地对她说：“我发现，最近公司的女孩子做事有些马虎，请你方便的时候代我转告一下好吗？”这样通过托诸“第三者”的方式委婉批评，可以让对方虚心接受而不太会产生反感。当然，这种批评不要做得太过明显，否则听起来倒像“指桑骂槐”，反而会惹得对方不悦。

如果对方脸皮过厚，委婉批评不奏效的话，你也可以直接指出对方的缺点，但要强调如果纠正过来会更好。譬如对她说：“小王，你最近做得不错，但如果能稍微注意一下，彻底改掉马虎的习惯会更好！”这样的批评并非否定对方，而是先加以肯定再修正。也就是说先满足对方的自尊心，然后再把目标提高。这样的批评迫使对方重视自己的错误，还顾及了对方的颜面。如果你盛气凌人地指责她，说她整日里稀里糊涂、没心没肺，只能让对方反感，反而达不到纠正对方错误的目的。

这样的批评还有一个优点，就是能提升你的修养和气度，使你成为受欢迎、惹人爱的人。这就是最高明的批评之道。

6. 幽默地拒绝，教你轻松说“NO”

在人际交往中，每个人都应有接纳与宽容之心，让自己和大家打成一片。但是，我们不可能事事都顺从别人，毕竟人的精力和能力有限，不可能面面俱到。如果你咬紧牙关，让自己硬撑着，最终会使自己陷入两难的境地，不仅自己费力不讨好，还可能因此开罪对方。

所以，当别人提出不合理的要求时，我们必须表示拒绝。

当然，拒绝会让对方觉得不悦，甚至让自己尴尬，如果你想尽量削减这方面的负面影响，不妨尝试用幽默的方法来拒绝别人。幽默地拒绝，不仅可以表明你的用意，还能让对方感受到你的善意和真诚，得到对方的谅解和认可，把种种不愉快减少到最低限度。

这一节，就让我们向各位幽默大师和前辈学习，轻松说“NO”。

幽默拒绝的最重要技巧，就是学会在轻松诙谐的话语中设一个否定问句，或者讲述一个精彩的故事，让对方从中品味出弦外之音，主动退却。这样可以避免对方的难堪，又能转移对方被拒绝的不快。

国学大师启功先生：你到动物园看熊猫还送礼物吗？

启功先生晚年惜时如命，不喜人们前来拜访。一天，启功先生的朋友受人之托，带了位收藏家前来拜访。

“请问有何贵干？”启功先生问。

启功的朋友连忙介绍说：“是这位收藏家想来看看您！”

启功先生听完慢条斯理地说：“那看吧！”说完他把走廊的灯打开，面朝俩人挺了挺腰站好，几秒钟后问道：“正面看完了吧，再看看侧面……”说着，老先生像顽童一样在走廊里连续转了三个圈，站定后又问道：“看清楚了吧？”

启功的举动弄得那位收藏家窘得连声说：“看清楚了！看清楚了！”

“那回去吧，你这趟没白来啊！”话已至此，那位收藏家不好再说什么，就非常诚恳地请启功先生收下礼物。

启功看了一眼礼品说：“拎回去吧，人们现在都说我是‘国宝’，国宝是什么？就是熊猫啊！你到动物园看熊猫还送礼物吗？”

启功先生话音一落，三个人都哈哈大笑起来。

伴随着启功先生的笑声，被拒之门外的那位收藏家不但没有窘迫之感，反而对启功先生心生敬佩之情，乐呵呵地与启功先生握手告辞。启功先生的拒绝方法，最为关键的一点就是利用了自嘲，他把自己比作熊猫，“像顽童一样在走廊里连续转了三个圈”，又戏称“到动物园看熊猫还用送礼吗”，通过自嘲他成功地表达态度，又很好地照顾到了对方的颜面，让对方在笑声中无奈告辞。

另一位国学大师钱钟书先生也用过类似的幽默拒绝别人，一位英国女记者读过《围城》后，非常想见一见钱钟书先生，钱钟书在电话中幽默地拒绝说：“小姐，假如你吃了个鸡蛋，觉得味道不错，何必要认识那个下蛋的母鸡呢？”

文学家鲁迅：骂我的刊物也会销路好的

广州的进步青年创办了“南中国”文学社，希望鲁迅给他们的创刊号撰稿。鲁迅并不想写，便委婉地拒绝说：“文章还是你们自己先写好，我以后再写，免得人说鲁迅来到广州就找青年来为自己捧场了。”

没想到，青年们并不肯罢休，继续央求鲁迅说：“先生，您就帮帮忙吧，我们都是穷学生，如果刊物第一期销路不好，就不一定有力量出第二期了。”

鲁迅并不改变主意，而是风趣地回复说：“要刊物销路好也很容易，你们可以写文章骂我，骂我的刊物也会销路好的。”

鲁迅表达拒绝的方法非常高明。他没有直接回绝，而是不露痕迹地把话题引向细枝末节，从而回避了主要问题，成功地避免就最初的要求做出正面回答，不显山不露水地达到了拒绝别人的目的。这种幽默回避方法简单易学，不得罪人，又能轻松推掉让自己头疼的问题，大家可以根据需要酌情使用。

连任四届的美国总统罗斯福：你能保密吗?

罗斯福在当选总统之前，曾任美国海军部部长。一天，一位老朋友向他打听海军建立潜艇基地的计划。

罗斯福并不想作答，但怕老友不悦，便装模作样地向四周看了看，压低声音问老友：“你能保密吗？”

对方信誓旦旦地问答：“能，我一定能。”

“那么，我也能！”罗斯福微笑着说。

老友立即领悟了罗斯福的用意，拍了拍他的肩膀，大声地笑了起来。

罗斯福很清楚，对于这些军事机密，他必须旗帜鲜明的拒绝，即便对老友也不能例外。但是，对方毕竟是朋友，如果只用一个“不”字言辞回绝，虽然能够表明态度，但必定会惹得朋友不悦，弄僵了气氛。于是，罗斯福采用似是而非的话，避实就虚地答复，不露痕迹地表达了拒绝的理由，最终幽默地“化解”了对方的要求。

洗发水公司产品经理：这是公司成立 8 年以来首次碰到使用免费洗发水的好机会

客户在抽检中发现某品牌洗发水有分量不足的产品，于是抓住把柄，并以此为筹码，不依不饶地讨价还价。

公司产品经理见状，微笑着拒绝说：“美国一专门为空降部队伞兵生产降落伞的军工厂，产品不合格率为万分之一，也就意味着一万名士兵中将有一个因为降落伞质量缺陷而牺牲，这是军方所不能接受和容忍的，他们在抽检产品时，让军工厂主要负责人亲自跳伞。据说从那以后，合格率为百分之百。如果你们提货后能将那瓶分量不足的洗发水赠送给我，我将与公司负责人一同分享，这可是我公司成立 8 年以来首次碰到使用免费洗发水的好机会哟。”

这位产品经理的拒绝不仅转移了对方的视线，还阐述了拒绝的理由，即合理性。如果你在工作谈判中，遇到不好正面拒绝对方或者对方提出的要求和条件太过苛刻的情况，可以学学这位产品经理，不直接加以拒绝，相反全盘接受。然后根据对方的要求或条件推出一些荒谬的、不现实的结论来，从而加以否定。这种拒绝法，往往能产生幽默的效果。你也可以和对方商量另外换个方案，从侧面来否定对方的要求。譬如故作轻松地说：“如果贵方坚持这个进价，请为我们准备过冬的衣服和食物，总不忍心让员工饿着肚子瑟瑟发抖地为你们干活吧！”

以上几个例子，已经把幽默拒绝的方法作了简单阐述，大家可以根据需要自由选择。这里需要提醒大家的是，拒绝毕竟是拒绝，无论你采用何种方法，对方在无奈一笑之后，都会心生失落。所以，你在拒绝的同时，还要考虑到对方的情绪，切记不要拒绝得太过无情，哪怕你有理，也不一定用“得理不让人的方式”去说话，要学会敬人、让人。

譬如，当对方提出敏感问题或难以承诺的要求时，你首先可以向对方诚恳地表示尊重、理解和同情，然后不焦不躁，沉着冷静，以幽默的方法逗笑对方，消减对方的失望情绪。如果对方提出的要求合情合理，但目前你无法办到，则可以拒此应彼，即在拒绝某一方面要求时，尽量满足另一方面的合理要求作为补偿，以减轻他的遗憾和失望感。在拒绝之后，我们还应真诚地为对方着想，替他出谋划策，另寻门路，这种努力往往可以帮助你得到对方的谅解。

当然，如果对方提出无理的要求或挑衅性的提问，那你就不必有顾虑，既可采取以主动出击为主的攻势，也可采取以防卫为主的守势。但是，话语还是要尽量幽默，既显示出自己的睿智、大度，又免得让对方尴尬。

最后提醒大家，如果对方在提出要求的同时，还允诺对你施以蝇头小利，你可要三思而后行。如果那些问题你果真无法应对，就必须坚持立场不动摇，否则出现问题，就会让你吃不了兜着走了。

7. 面对恶言相向，不妨回马一枪

俗话说得好，“忍一时风平浪静，退一步海阔天空”。可是，人一辈子难免会遇到些火气大、爱挑刺的人，无来由地对你冷言冷语、恶语相向。这时，有些人会采取恶语还击，撕破了脸皮看谁的脸皮更厚，更有甚者会将事件从文斗升级为武斗，最终只闹得两败俱伤。其实，你大可不必这样，倒不如淡定自如、气定神闲地给他回马一枪，既出了自己心里的一口恶气，也维持了自己的大家风范。

“回马枪”是《隋唐演义》中好汉罗成的绝杀本领。这一招的要诀在于，首先要引诱敌将追上来，待敌人迫近并攻击时，再乘机掉转马头给他绝命一击。这一击猝不及防，往往可以一招取胜。幽默，就是“回马枪”的最厉害招式，当自己置身险境时幽默一搏，不仅可以化险为夷，还能让你反败为胜。

日本女诗人加贺千代女：虽有一抱之粗，但柳树仍是柳树

加贺千代女在江户时代很出名，常有贵族请她去府上吟诗表演。一次，她去某贵族府上时，与府中的女佣相遇。女佣见大名鼎鼎的加贺千代女竟然是个长相丑陋的女人时，就讥笑起来："我还以为今天能看到大美人呢，没想到却是个丑八怪！早知道这样，我也不用去厨房干活，直接到人前卖卖丑还能出名呢！"

"虽有一抱之粗，但柳树仍是柳树。"加贺千代女微笑着回敬道。

女人最怕的，就是有人拿她的容貌做文章，说她是丑八怪。加贺千代女当时的心情可想而知。于是，她巧妙地运用幽默的语言艺术，不仅使自己摆脱尴尬，更悄悄地讽刺挖苦了对方一番。尽管她的语气亲切温和，但话语中却蕴涵着强硬的批评和嘲笑，这就好似"绵里藏针"，而这"针"又扎得稳准狠，一下击中对方的要害，让对方自惭形秽。这是一招很值得学习的"回马枪"，出手看似温和，但威力巨大，助你一招反败为胜。

苏联诗人马雅可夫斯基：你不洗脸，就自以为干净了？

马雅可夫斯基在一次演讲时，遭到了一位读者的诘难。

这位读者说："你曾经说过，有时应当把沾满尘土的传统和习惯从自己身上洗掉。既然你需要洗脸，那就是说，你也是肮脏的了？"

马雅可夫斯基微笑着回答："那么你不洗脸，就自以为干净了吗？"

这位读者仍不甘心，提高了音量质问道："马雅可夫斯基，你的诗不能使人沸腾，不能使人燃烧，也不能感染人！"

"当然，"马雅可夫斯基平静地回答，"我的诗不是大海，不是火炉，更不是鼠疫。"

众人听罢掌声如雷，而诘难者瞠目结舌，最后只得灰溜溜地走了。

马雅可夫斯基的作品辛辣、尖锐，他的幽默也是如此。他并不在意别人的面子，凡胆敢来进犯者，他都回报以锋芒毕露、咄咄逼人的幽默。这种幽默与他诗人的个性密切相关，他桀骜不驯、性格坦荡，对一切不合理的事物予以猛烈的抨击。我们得承认，马雅可夫斯基是一位勇敢的斗士，但他的"作战方法"我们可不能全盘吸收，因为太过辛辣的语言会引起他人的不快，有时候场合不对反而会把事情弄糟。

被人谩骂攻击时，免不了会热血上涌，恨不得挥拳相向。但越在这时，你越得按捺住自己的熊熊怒火，让自己尽快冷静下来。

举个例子，当你在网络上遭遇网友攻击时，你要怎么办？这种假设很常见，论坛啦，新闻评论啦，你常能见到网友们猛烈拍砖甚至刻薄谩骂，所有人都在挑拨着你“好战”的神经，想要把你拉进这场无尽的争辩中来。

这时候，你可千万要冷静下来。只有头脑冷静，你才能找到出奇制胜的妙招，让你反败为胜。假如对方骂你自作聪明，那你倒不妨把自己想象得伟大起来，让你的想象自由地飞翔，然后很自然地“大言不惭”起来。这种故作大言的幽默，其实是最容易获得的幽默，不仅可以创造欢乐的幽默氛围，还会让人见识到你的广阔胸襟；假如对方揪住你的某一缺点不放，你倒不如把自己的缺点夸大到荒谬的程度，甚至明明很聪明，却装作连普通常识都不知道，故意说些显而易见的蠢话来。这样一来，你反可以显出自己在智慧、教养和道德上的优越。

当然，如果这场争辩已经上升至人身攻击的阶段，人人出口成章，完全表现出一副“畜生行径”，那你还是趁早噤声吧。最简单的比喻是，狗咬你一口，你有必要趴下来回咬狗一口吗？

8. “以其人之道还治其人之身”的幽默反击术

俗话说，“恶声至，必反之”。这句话的意思非常浅显，即当我们遭受到别人的言语攻击时，应该用同样的言语反击回去。

不过，言语反击有很多讲究，那不是单纯的争吵，而是要你找准切入点，以其人之道还治其人之身，优雅地给对方反戈一击。这种反击真可谓是一幕情节跌宕起伏的人生剧目，一来一往惊险无比，尤其最后一招反败为胜，更是引人入胜。不过，为了缓解对方被击中要害的痛楚，避免引起争端，我们在语言表达上还要尽量幽默。幽默反击既不伤人，又能立竿见影，使你在谈笑自若、云淡风轻中化解与他人的矛盾和冲突。

“以其人之道还治其人之身”式的幽默，最为关键的一点就是要把握好分量。对方言语攻击中带有多少分量，你就要还击同等的分量，不随意加码，否则就失去了这种独特的幽默性。

英国剧作家萧伯纳：你怎么不学你父亲呢?

在一个盛大的晚宴上，一个衣冠楚楚的富家子弟来到萧伯纳跟前问：“你是萧伯纳先生吧，听说你父亲只是一个裁缝？”

萧伯纳点头微笑道："不错，我的父亲是个裁缝。"

年轻人摆出一副轻蔑和不屑的神情继续追问："那么，你为什么不学他呢？"

萧伯纳微笑着看了年轻人一眼，礼貌地问道："听说你父亲是个谦恭有礼的君子？"

年轻人喜上眉梢，立即高贵又骄傲地回答说："对呀，这一点大家都知道！"

"那你为什么不学他呢？"萧伯纳突然反将了一军。

年轻人听罢羞愧万分，赶紧转身离开了。

萧伯纳是个幽默风趣、宽宏大量的人。通常情况下，他总能为人着想，即便受到轻视也会泰然处之。但是，当他遭受年轻人的恶意侮辱后，为了捍卫自己的尊严，只得采用幽默的方法加以还击。他以其人之道还治其人之身，不仅让年轻人意识到自己的失礼，更显示出了他的魅力和风度。在这一点上，我们可以多学学萧伯纳，他很擅长用含蓄、婉转的幽默表达看法，即便是幽默的讽刺、挑衅，听来也总是温和的，让人感到尖锐而不刻薄，给对方留了些许余地。

德国诗人歌德：我恰恰相反

一天，歌德在公园的小径上散步，偶然遇见了一位曾经发生过矛盾的批评家。批评家见到歌德，立即露出厌恶的神情，这让歌德十分不悦。

"我从来不给傻瓜让道！"相持片刻后，批评家主动挑衅说。

"我恰恰相反。"歌德说完，立即笑着退到了路边。

在心胸狭窄的批评家面前，歌德成功地展现了自己的大家风范。他没有被批评家的恶意羞辱所激怒，而是不露痕迹地顺水推舟，正话反说，搬起对方的石头砸了对方的脚。这个小小的幽默，不仅使自己从受辱的困境中解脱出来，维护了自己的尊严，更给对方以重重的回击。歌德把幽默这一武器，使用得出神入化、得心应手，非常值得我们借鉴学习。

美国现实主义文学大师马克·吐温：法国人往往弄不清他们的父亲是谁

法国名人波盖很喜欢取笑美国人，一有机会就要大大地挖苦、讽刺一番。

一天，波盖对马克·吐温说：“美国人历史太短了，若是美国人怀念祖宗，想到祖父那一代，就不得不打住了。”

马克·吐温并不发怒，面不改色地回敬道：“法国人没事的时候，总是想弄清他们的父亲是谁，可结果往往是很难弄清！”

波盖无事生非，在马克·吐温面前讽刺美国人是个没有历史的民族。马克·吐温当然不肯认输，连忙反将了波盖一军，取笑法国人生活作风随便。马克·吐温的这一反击很有效果，而且有过之而无不及，让爱挑衅的波盖无地自容。当然，使用这一幽默的前提是先抓住对方的把柄，你只有一举射中靶心，才能反败为胜。

要使用“以其人之道还治其人之身”的幽默反击术，最关键的一点就是要抓住对方的一句话、一个比喻、一个结论，然后将它拿为己用，成功地反丢给对方。剧作家萧伯纳的反击就很有代表性，他把对方荒谬的逻辑和语言，稍作改动丢回给对方，使其领悟自己言辞的荒谬性。而且，这一还击本身也带有一定的喜剧效果，让所有人在笑声中明白你的真正用意。

需要注意的是，在采用这种方法时你要保持冷静，不要被对方激怒。一旦乱了阵脚，恐怕就很难抓住对方话语的关键点。

譬如，你打算去旅游，但丈夫或妻子却不以为然地说：“干吗花那个冤枉钱，买本旅游杂志看看，又开眼界又省钱。我看你还是别白日做梦了，赶紧给我买菜做饭去吧！”这时你可以摆出同样不以为然的面孔说：“买菜？干吗花那个冤枉钱，买本菜谱看看，不是又开眼界又省钱吗？”

这样回击对方不仅幽默诙谐，而且很有针对性，再加上是后发制人，能迅速而巧妙地化被动为主动，用对方搬起的石头去砸对方的脚。这种方法可以灵活运用，如果对方发起的是侮辱性攻击，那么反击也是侮辱性的；如果对方发起的是讽刺性的攻击，那么反击也可以是讽刺性的。总之，这是一场没有硝烟的战争，微笑着回击对方，可以让对手从此不敢再小觑、轻估你的作战火力。

最后提醒大家一点，这种反击虽然有效，但攻击力也极强。我们要使反击幽默高尚、文雅一些，必须与低级的讥笑、嘲讽区分，以免给对方造成太大的伤害，给自己惹来麻烦。

9. 以谬制谬，幽默力帮你一招制敌

先给大家讲一个阿凡提的故事：

一位星象家吃饱了没事干，来找阿凡提的麻烦："阿凡提，都说你才智过人，我很想见识一下。我想要在白天见到星星，你能帮我做到吗？"

"能，你 40 天内不要吃有油、有肉和有盐的饭，等到第 41 天，你就会幸运地看到星星了。"阿凡提故作认真地说。

于是，星象家照着阿凡提的话做了。到了第 41 天，他衰弱得一点儿力气也没有了，一见阿凡提就问："我的确看到星星了，好多小星星在我眼前乱飞，不过，我怎么不见太阳出来呢？"

人们在读这则故事时，会忍不住会心一笑，当看到星象家的反问——"怎么不见太阳出来呢"，更会捧腹不已，整则故事的幽默所带来的气氛也达到了高潮。

阿凡提的这种幽默方法，就是以谬制谬法。这种方法看似荒谬，却可以帮助你谬中求胜，让别人看到你的幽默诙谐，更趁机把对方推入无言以对的境地。从这一点来看，以谬制谬法一点儿也不荒谬，反而是我们在困境中应敌的有力武器，而且处处闪耀着智慧和幽默的灵光。

日常交际中，面对他人的谬论，如果我们一本正经地摆事实、讲道理，往往是徒费口舌。如果对方是个蛮不讲理的主儿，还会和你胡搅蛮缠、没完没了。所以，别和他解释，不如将错就错、以歪制歪，不仅可以成功反击，还会制造出一种出人意料的幽默。

美国剧作家马克·康奈利：确实如此，摸上去就像你老婆的臀部

马克·康奈利是一个秃顶。

一次公众场合，有人故意讥笑康奈利的秃头，便不怀好意地摸着他的头顶说："伙计，你头顶摸上去就像我老婆的臀部一样光滑！"

这番话引来一阵哄笑。不过，康奈利并不就此认输，他故作疑惑地看了一下那人，然后用手摸摸自己的头顶，说道："确实如此，摸上去的确很像你老婆的臀部！"

面对无礼的嘲讽，康奈利没有沉默，没有进行无谓的辩解，更没有恶语相向，而是针对那人的攻击，以谬归谬、借力打力，顺着对方的话往下说，一下子就反败为胜，甚至还讨了对方的便宜，让对方吃了个哑巴亏。这种以谬制谬法与以牙还牙有相通之处，但以谬制谬刻意以荒谬对荒谬，把对方的话加以深化，程度意味更深，幽默意味也更加浓厚。单纯的以牙还牙就少了这种幽默意味，也更容易引发事端。

法国戏剧大师乔治·费多：请把那只斗赢的成功者送来

一次，乔治·费多到饭店里用餐，点了他最钟爱的龙虾。

没一会儿，女服务员端来一只龙虾，费多正想大快朵颐，突然发现那只龙虾缺了一条腿。

"请问，这是怎么回事？"费多指了指龙虾问服务员。

"哦，蓄养池里的龙虾爱打架，被打败了的往往就会变得残肢少腿。"服务员振振有词地解释道，"请您原谅，这是龙虾的错！"

这样的歪理当然不能让费多信服，他微笑着说："既然这样，快把这只失败者端走，把那只斗赢的成功者送来！"

服务员的解释荒谬无比，明明是饭店服务不周，可她偏偏把罪责推给互斗的龙虾。费多清楚，如果直接否决服务员的说法，她必定会和自己狡辩、强词夺理，最终闹得自己一肚子怨气。于是，他以谬制谬，先肯定服务员的理由是"对"的，然后说出一句表面看来"合情合理"，实则"大谬特谬"的话，"把那只斗赢的成功者端来"这一表述看似荒谬，但在服务员的思维逻辑中应该是合情合理的，从而把尴尬推给了服务员。这是一种很具有实战性的幽默技巧，只要你将对方的谬论加以利用，以谬制谬，就可以在语言的交锋中一举获胜。

19世纪德国作家奥多尔·冯达诺：下次来稿请只寄些标点来吧！

奥多尔·冯达诺在柏林做编辑时，曾收到一位青年作者寄来的习作。这篇习作写得非常拙劣，更让冯达诺不满的是，习作通篇没有标点符号。为此，该青年作者还大言不惭地附言道："我对标点是不大在乎的，如有需要，请你自己填上吧！"

于是，冯达诺将稿件退回去了，并在退稿信上写道："下次来稿请只寄些标点来吧！诗由我自己填好了。"

这是一位浅薄无礼的青年作者。试想一下，有写附言的工夫，给文章添加几个标点还不是易如反掌？可他没有添加标点，甚至认为自己的举动理所当然。于是，冯达诺想出了一个极具讽刺的点子：学着青年附言的格式，写了那样一封诙谐有趣的退稿信。退稿信短小精练，语言看来也十分平和有礼，但这言语所蕴含的讽刺效果却非常巨大，如今读来都让人忍俊不禁。

我们经常在辩论中看到以谬制谬的影子。譬如，一方为了驳倒另一方的错误论调，便首先假设它是正确的，然后以此为依据，用语言或者行为合乎逻辑地推出一个明显错误的结论，让对方清楚自己的错误所在。再加上以谬制谬有一定的幽默效果，如果应对得当，不仅可以有力地推翻对方的命题，更可以一展自己的幽默身手，博得评委们的欢心。

以谬制谬幽默法，在生活中也经常用到。

打个比方，朋友聚餐时你做了道自己的拿手菜——煎蛋，本想博得几声赞赏，没想到蹦出个家伙对你的手艺指指点点，要求蛋白要全熟，但蛋黄要全生，必须还能流动。提醒你不要用太多的油去煎，盐要少放，加点胡椒，还要求必须用“一个乡下快活的母鸡生的新鲜蛋”。

这时候，你若是大发雷霆或者正面理论，恐怕都不能收到良好的效果。所以，你倒不妨试试问对方：“请问一下，那母鸡的名字叫小薇，可合你心意？”

话说到这里，想必对方已经明白了你的意愿。虽然你没有直接点名，但你按照对方的思路，向对方提了一个更为荒唐的问题，表面上看是在征求对方的意见，实际上是把对方的要求推向一个荒谬可笑的境地。这样以谬制谬的方法，不仅表达了对对方故意挑剔的不满，也适当地缓和了尴尬的气氛。

在使用这一幽默方法时，大家要注意应该先假装肯定对方的要求，然后沿着他的错误论调推下去，推出另一个连对方自己也不能接受的荒谬结论。总结起来，就是先找准错话，然后肯定其错误，最后反戈一击，这样对方的谬论不攻自破，还能制造出极强的幽默效果。

另外值得一提的是，以谬制谬法非常适合用来对付爱吹牛的人。他吹牛的时候，你可以冷静沉着地附和，本来他只吹了一半牛皮，你要帮他把牛皮吹破。比如，他不停吹嘘自己如何地富有，你倒不妨顺着他的意愿，把他捧得比比尔·盖茨还要富有。局面发展到这一地步，想必明眼人哈哈一笑，对真相早已心知肚明。

10. 设置诱饵，让对手笑着上钩

与人交往，难免遇到一些不合理对待。倘若你不巧遭受了这等对待，先别急着发作。要知道，人与人的对话交流就好比下棋，你不能只考虑眼前的这一步，而要将目光放长远。所以，你要稳住自己，忍而不发，然后在恰当的时间点为对方设置诱饵，让对方笑着上钩。这样一来，不仅可以让你出了这口怒气，还能让对方明白自己当初的失礼。

设置幽默的诱饵，是一件很考验幽默功力的事情。这种幽默的技巧在于，好戏总是在后头，往往出口的最后一句话就是你的圈套所在。这句话看似平淡，只因前面做好了圈套，便能以四两拨千斤之势撩动观众的神经，达到掷地有声、一鸣惊人的效果。就连对方也会在惊愕之余，发出微微一笑，令人回味无穷。

要设置钓饵，诱敌深入，你必须在之前的谈话中作好铺垫，在合理的故事之外添加一个“貌合神离”的尾巴。这个尾巴，就是你的攻击武器。

英国咽喉专家莫瑞尔爵士：我的前门是否该重新油漆一下

詹姆斯·惠特勒是位著名的美国画家，1863 年他在伦敦居住时，曾喂

养了一只法国卷毛狗。一次，惠特勒的狗嗓子发炎，他急忙请来莫瑞尔爵士帮忙医治。

莫瑞尔爵士是当时伦敦最负盛名的咽喉专家，每天出诊无数次，常常忙得焦头烂额。他本以为是画家嗓子出了问题，来了才发现自己竟要给一只狗治病。这位英国人觉得自己受到了极大的侮辱，但他极力克制住了自己，没有发作。他默默地给狗开了简单的药方，拿上出诊费，告别了画家。

第二天，莫瑞尔爵士给惠特勒打了一通加急电话，请他立即去走访一趟。画家匆忙赶去赴约，莫瑞尔爵士从容地接待了他："您好，惠特勒先生，谢谢您的光顾。我今天想和您商量的是，我的前门是否该重新油漆一下！"

如今看来，请一位咽喉专家给狗治病，或许也没有什么。但在19世纪的英国，这样的做法对于医生来说，无异于极大的羞辱，已经严重损伤了医生的自尊心。不过，莫瑞尔爵士对对方失礼的举动没有当面发作，而是另约画家前来商量着要如何漆门窗。这样的做法不仅好笑，还会使画家意识到自己当初举止的失礼，并对自己的过失行为自省自责。如果你也遭遇到不合理的对待，不要当即发作，倒不如学学莫瑞尔爵士，忍而不发，直至找到最佳的还击方法再出手。这样温文尔雅的幽默还击，不仅点醒了对方，更表现出你的优雅大度，真可谓一举两得。

文学家鲁迅：你这次理得认真，我也就要很认真地付钱给你了

一次，鲁迅到一家门面堂皇、装修华丽的理发店理发。理发师见来客一副穷酸模样，打心底瞧不起他，所以冷冰冰地招呼鲁迅坐下，马马虎虎地理了几分钟就草草完事。鲁迅对着镜子照了照，不但没生气，还随手从衣袋里摸出一大把铜板扔给理发师就离开了。

一个月后，鲁迅又来到这家理发店，那个理发师一眼就认出了他。他

后悔自己上次有眼无珠，得罪了贵人，连忙笑脸相迎，又是奉茶，又是敬烟，并且大显身手，足足理了一个多小时才罢手。不料理毕，鲁迅却很仔细地把钱数了数，一个铜板也没多给。理发师觉得奇怪，便问其中缘故。鲁迅笑着说："上回你胡乱给我剪头发，我就胡乱地付钱给你；这次你很认真地给我理，我也就要很认真地付钱给你了！"

理发师听了十分惭愧，连忙向鲁迅道歉。

面对"势利眼"的理发师，鲁迅没有与其争辩，而是不动声色地想好对策，当下就展露"豪爽"，扔了一把铜板给对方。一个月后，鲁迅才开始了"收网"行动，不动声色且理所当然地接纳理发师的"高级待遇"，可"享受"完毕却一个铜板也不多给。鲁迅先生设置诱饵的方法很值得我们学习，只有成功设置诱饵，诱对方上钩，接下来才能峰回路转给予还击。

要想自如地设置陷阱，你首先要做的就是修炼自己的忍耐力、承受力。只有做到胸中有沟壑，腹内有乾坤，才能忍而不发，不动声色地思考幽默反击方法。

举个例子，你有位邻居经常在家里 K 歌，咚咚的音乐声吵得左邻右舍都不得安宁。家里人已经去找邻居谈过，但对方根本置之不理。对于这样不知趣、不懂礼貌的邻居，你是大发雷霆冲进他家大闹一场，还是打 110 把关系弄僵？

其实，吵闹不仅不利于解决问题，反而会为邻里关系埋下炸弹。你倒不妨让自己冷静下来，然后满脸堆笑地敲开对方的门，礼貌地问："请问我今晚可以借你的音响一用吗？"

听了这话，对方一定会礼貌地回问："怎么，你今晚也想在家里 K 歌？"

"不不，我今晚想要安静地睡上一觉，真是谢谢您啦！"

由于是邻里之间，太直接的话语会让他不悦，可蜻蜓点水式的建议他又听不入耳。在这样的问答中，你主动给他设置个钓饵，不仅制造出绝佳的幽默效果，更有效地表明了自己的态度。这样制造笑料不仅可以帮你解决问题，还能从根本上解决问题，实在是一箭双雕。

当然，你在运用这一幽默武器时，一定要注意把握分寸。如果玩笑开得太过火，恐怕不仅无益于气氛的缓和，反而会加深矛盾，把关系弄僵。

11．嬉笑怒骂里的幽默智慧

作家梁实秋写过一篇文章，名叫《骂人的艺术》。他说，古今中外没有一个不骂人的人，骂人就是有道德观念的意思，因为在骂人的时候，至少在骂人者自己总觉得那人有该骂的地方。而且，骂人是一种发泄感情的方法，尤其是那一种怨怒的感情。想骂人的时候而不骂，时常会给身体弄出毛病。所以梁实秋说，当人们想骂人的时候，骂骂也无妨。

这里提醒大家，您可别被梁实秋给忽悠了。骂人看似简单，实则是一种高深的学问，不是人人都可以随便试的。骂人之道，最忌心浮气躁、生吞活剥，恶言恶语不经大脑就一股脑儿地吐出口，把人家骂得七窍生烟，伤痕累累。这样一来，你虽是痛快，却可能因此挨嘴巴、吃官司，即便“躲过一劫”，也显得你自己有失水准。

所以，骂人必须骂出水准，不仅能发泄怒气，还要保全自己，不惹麻烦。这才是一种高水准的骂人艺术。

嬉笑怒骂的骂人方式，必须保证话语里不带脏字，又能使周遭人发笑，讽刺中带着幽默，幽默中又含着讽刺。这样，你就可以幽默地提出善意的批评规劝或严正地讽刺揭露，让对方如骨鲠在喉，如芒刺在背，并从你的话语中有所领悟。

英前首相丘吉尔：请将这花别在你的白肉上

在一次访美期间，丘吉尔应邀去一家专门做烤鸡的简易餐厅进餐。丘吉尔很有礼貌地对餐厅女主人说："您好，我可以来点儿鸡胸脯的肉吗？"

没想到，女主人对丘吉尔的遣词酌句提出异议，她说："丘吉尔先生，我们不说'胸脯'，习惯称它为'白肉'，把烧不白的鸡腿称为'黑肉'。"

丘吉尔点头笑了笑。

第二天，丘吉尔派人给这位女主人送去一朵漂亮的兰花，兰花上附有一张卡片，上写："如果你愿把它别在你的'白肉'上，我将感到莫大的荣耀——丘吉尔。"

无论是"胸脯"还是"白肉"，不过是两个国家不同的习惯称呼而已。对此，餐厅女主人完全可以一笑而过，没有必要小题大做，在这种小事上让丘吉尔难堪。不过，面对女主人的为难，丘吉尔没有当场发作，而是现买现卖地把女主人口中的"白肉"拿为己用，以"白肉"来代称女主人的"胸脯"。这一小小的替代，显然是把鸡和人扯到了一起，批评了女主人的挑理见怪，自己也从被动中走了出来，还趁机出了口恶气。

意大利作曲家罗西尼：我在骂鲁比尼，他妨碍了我好好听您演唱

一次，罗西尼前往观看莫扎特的歌剧《唐璜》。他对这一歌剧充满期待，因为歌剧的主角正是由著名男高音鲁比尼饰演。

不幸的是，罗西尼旁边坐了位聒噪的年轻人，他不停地跟着台上的演员大声哼唱，把罗西尼气得七窍生烟。

"这个畜生怎么还不闭嘴！"忍无可忍的罗西尼大声骂道。

这话说得十分明显，年轻人被惹恼了，气势汹汹地质问罗西尼："你在骂我吗？"

罗西尼连忙一笑，解释说：“不是，我在骂那个大傻瓜鲁比尼，他妨碍了我好好听您演唱！”

面对着蛮横无理、缺乏教养的年轻人，罗西尼摆出一副热情的面孔，将对方狠狠地嘲弄了一番。为了避免争端，他采取了指桑骂槐法，表面上是在骂鲁比尼，而实际用意想必大家用脚趾头都想得出来。具有喜剧意味的是，年轻人虽然对此心知肚明，可面对着罗西尼那一副热情赞赏的面孔，又不得发作。这样的一幕看来实在好笑，而且会让人笑得非常过瘾。如果你想对某人发泄不满，不妨就用这招“指桑骂槐”，既安全又好用。

美国第 16 任总统林肯：万一那头翘起来咋办

一天，新泽西州一位参议员前来拜访林肯，身后还跟着两个趾高气昂的人。为了夸大这两个人的社会地位，参议员故意夸张地介绍说：“总统，这是来自新泽西州南部的两个重量级人物！”

“天啊！”林肯惊叫起来，“他俩离开了新泽西州，万一那头翘起来咋办？”

对于参议员口中的“重量级”的含义，林肯自然再清楚不过。可在林肯看来，有身份、有地位、有权势又能怎样？对于这种自以为是的“良好感觉”，林肯才不买账。于是，他故意曲解了参议员的原意，还摆出一副大惊小怪的神态，委婉而辛辣地嘲讽了对方的自以为是，取得了良好的幽默效果。这是很安全的嘲讽方法，如果你有类似需要，一定要把自己的嘲讽包裹上“明褒暗贬”的外衣，这样即便对方心有不满也不能发作。

嬉笑怒骂是一种十分考验修为的智慧，它的灵魂在于，你要以高度的机敏来捕捉生活中的“不协调”事件，种种乖谬的现象，然后加以总结，并用高度的才情将它们“艺术性”地重新表达。

当然，无论你骂人多么艺术，骂人毕竟是骂人。这就像是和人动手打架，你敢打人一拳，就要自己忖度下，你吃得起别人同样的一拳，这叫做知己知彼。要知道，你若出口骂人家小气，先要想想自己是否大方，免得别人回敬你一二句，反而让你面上无光。

另外，骂人必须委婉。譬如骂小偷是贼，骂劫匪为强盗，这是极其愚笨的方法。骂人应该采用虚实掩映之法，要旁敲侧击，就像丘吉尔献上的那束需要别在“白肉”上的兰花，只在紧要处下手，这才是所谓的“杀人于咽喉处着刀”。你也可以尝试林肯总统的幽默骂人法，这一招十分巧妙又很易学，你只要故意大惊小怪，夸大或缩小事物的形象、特征、程度、数量和作用等等，都可以使对方在大吃一惊后，自己反省和思考。需要注意的是，你的大惊小怪表面上看“言过其实”，但本质上必须有根有据，太过荒谬就失去了这种合理性，让人摸不着头脑。

嬉笑怒骂除了要委婉，还要注意措辞。你所使用的语言必须典雅，称呼起来要客气，要让任何人都觉不出你是在骂人。这样骂下去，不仅让你骂得过瘾，在旁人看来又显得温和而有度量。如果对方发起反攻，不必急着回绝，可以保持冷静，行若无事，待他放松警惕，言语中出现重大失误时，再找准切入点轻轻回敬一句。这样包管你不费力气，把他气得死去活来，骂得他针针见血。

当然，骂人必须把握分寸，得寸进尺势必会让人以为你欺负弱者，或者无理取闹。而且，嬉笑怒骂式幽默骂人法得尽量少用，虽然它可帮你消解怒气，但人活在世不宜过多树敌。如果非骂不可，一次只能骂一个人或者一类人，如果牵涉的人太多，应该适当表示好意，否则回骂之声纷至沓来，会让你无暇应对。

第5章

职场开心果，让你如鱼得水

与休闲的家庭生活相比，职场生活则显得严肃和乏味。尤其是在竞争激烈的大公司，工作压力大，内部纷争错综复杂，人与人之间的关系也变得严肃、呆板、死气沉沉。正因为如此，职场比任何地方更需要幽默。职场幽默可以帮你建立良好的人际关系，打造一个愉快的工作氛围，可以使我们暂时忘却工作的压力和疲倦，让我们保持较高的效率完成工作，并能从单调的工作中体味到乐趣。

这一章，我们就来学学职场幽默的特殊技巧，教你有效地与同事、上司沟通，迅速适应公司政治，避开职场争端，轻松获得同事的青睐和上司的赏识，最终取得成功。

1. 幽默力帮你给对方留个好印象

初入职场，我们都希望能给对方留下好印象，希望把自己的友善、热情、宽容、幽默、有责任感、工作能力强等等优点一股脑儿地展现给别人。其实，在这诸多优点中，风趣幽默是很重要的一点。

当然，这并不是说其他的优点不够好，而是在有限的时间和空间内，我们很少有机会把这些优点很好地展现给大家。而幽默，却可以打破时间和空间的限制，帮助你用最少的时间，从容地展现你的魅力才华，给人留下深刻印象。

与初次见面的同事幽默，一定要保持平稳，轻描淡写。你的幽默应该照顾到对方的情绪，要让对方笑，但不能显得太过生硬、哗众取宠，这样才能让陌生的同事在瞬间对你产生好感。

台湾学者李敖：内有恶犬，但不咬人

一次，李敖接受记者陈敏的采访时，应陈敏要求做了如下一番自我介绍："光看我的文章，人一定以为我是一个穷凶极恶的家伙，可是听到我的讲话，便会觉得我比我的文章可爱，等你对我有更深一层的了解，你更惊讶——在李敖能说善道的刻薄的嘴下三十二厘米处，还有一颗多情而善良的心。我李敖只是叫，其实人不坏。所以在我家门口应该钉一块牌子，上面写‘内有恶犬，但不咬人’。”

李敖一直是一个饱受争议的人，他说了许多大话、空话和实话，而且嘴巴又很“损”，常常当众“损”人不留情面，惹得许多人讨厌他。但是，即便是李敖这样一个狂人，也希望自己能够被众人所谅解、接受甚至喜欢，希望给众人留下一个较好的印象。这段小幽默之所以成功，在于李敖在陌生人面前肯主动放下身段，戏称自己是“不咬人的恶犬”，大家听到后莞尔，对他的印象也随之大幅提升。如果你初入职场，需要在同事面前来上一段“自我介绍”，倒不妨学学李敖拿自己“说事儿”，这是让新同事记住你，并快速喜欢上你的绝招。

美国黑人律师约翰·罗克勤：我来到这儿只是为了增添“颜色”

1862年，在一次听众都是白人的演讲会上，约翰·罗克勤发起一场“要求解放黑人奴隶”的演说。入场后，他首先就自己的肤色作了一番自嘲：“女士们，先生们，我来到这里，与其说是发表演说，还不如说是给这一场合增添了一点点‘颜色’……”

此言一出，台下的白人听众哄堂大笑，紧张的气氛立马缓和下来，人们立即喜欢上了这位幽默的黑人律师。

听众都是白人，黑人演说家却要做一场解放黑奴的演讲，无论是演讲人还是演讲内容都无法博得听众的好感。于是，罗克勤律师省掉了无谓的寒暄，轻松诙谐地拿自己的肤色开玩笑，这给听众留下了非常好的印象，这一好印象瓦解了他们因种族差异造成的敌对情绪，融洽了演讲者与听众的关系，也使沉重的话题变得轻松自然。

某公司文秘小张：我是 11 路——步行来的

小张在一家公司的客服部门负责文书工作。由于公司刚刚经历一场大合并，人事变动非常频繁，新来的同事对小张不了解，有意与他保持着距离。一天，几个新同事聚在一起，聊到每天是怎么来上班的，有人是自驾车，有人坐公交，有人乘轻轨……正在这时，小张便假装不经意地加入到谈话中来："我是 11 路——步行来的！"

同事们听了哈哈大笑，随即拉小张坐下来加入了他们的谈话。

职场中，大家习惯性地对陌生的一方保持戒心，轻易不会主动拉近距离。如果你就是被冷落的一方，可以学学小张，找个恰当的时机，轻松幽默地加入到对方的谈话当中。这种看似随意的幽默，会给大家留下"好相处""随和""有亲和力"的印象，更容易与同事建立起友善合作的共事关系。

俗话说，"桃李不言，下自成蹊"。这句话告诉我们，一个有才华、有影响力的人，即便不出头，不争先，也可以把周遭的人都吸引到自己身边来。而幽默，就是我们不露声色，吸引人们的最好工具。如果你没有玉树临风的外表，没有非同凡响的能力，只要有幽默技巧在手，也可以使对方对你产生好感，轻松建立起良好的同事关系。

能带来好感的幽默技巧有很多，前文提及的自嘲式幽默、示弱式幽默最为讨喜，因为在职场低调的人总会受欢迎。不过，职场幽默也不局限于此，你只要头脑灵活，心胸宽广，拥有一颗善良乐观的心，随时随地都可以幽默。

举个最简单的例子：你与新同事见面，刚想说话时，对方也正要开口。于是，你赶紧打住，把正要说出口的话咽回去，等对方先说。可不巧的是，在你沉默的几秒钟里，对方也同样闭口沉默。两个人尴尬地停顿了一会儿后，竟然又同时开口……

这样的情形反复出现，在周围人看来是喜剧，但对当事人来说却是相当尴尬的经历。这时，你倒不妨打破僵局开一下玩笑：“我们一定能成为好搭档，你瞧我们连呼吸都一致呀！”听了这话，大家哈哈一笑，周遭氛围也随之变得轻松起来，尤其是这位新同事更会对你产生好感，以后的工作合作也会顺利许多。

2. 小幽默为同事交往增添情趣

作为一名职场人，建立良好的人际关系，得到大家的尊重，对自己在职场中的生存和发展有着极大的帮助。而且，人际关系和谐，工作氛围也会变得轻松愉快，这会帮助你忘记工作的单调和疲倦，用最美好的心态去面对工作、面对生活。

所以，职场人际关系对任何一位职场人都至关重要。可惜的是，常有人对于处理同事关系感到棘手，抱怨甚多。其实，做个受人喜爱的同事并不难，只要你为人不坏，言谈风趣幽默，很容易就可笼络到周遭同事的心。因为人都喜欢与幽默的人一起相处，尤其是在压力重重的职场当中，一颗能够为大家带来欢声笑语的“开心果”，怎能不受人追捧呢？

幽默的话语可以使交谈锦上添花，使生活充满情趣。一个擅长幽默，并喜欢用幽默为交往增添情趣的同事，也就理所当然地能够得到大家的喜欢。

某公司软件工程师小飞：我们正在研究自救手册

一天，小飞公司所在写字楼的电力系统出了问题，办公室顿时一片黑暗，楼道里不停地冒出白烟。各公司的人闻到异味后都冲了出来，个个紧张兮兮，不知如何是好。这时，一位保险公司员工灵机一动，向大家发放健康手册，以此转移大家的注意力。

不一会儿，小飞公司的美国老板从办公室里冲了出来，问小飞发生了什么事。小飞扬了扬手中的自救手册，答道："我们正在研究自救手册，看看在危难情况下如何保护自己。"

老板和同事们一阵哈哈大笑，笑罢老板又问："为什么不给我一本？"小飞接着说："我会立即为您翻译的。"

工作中，各种不可预料的事件层出不穷。当因某事大家感到无聊和紧张时，你不妨来两句幽默语缓和气氛。一来，让同事与上司都能感觉到你的幽默风趣、平易近人。二来也可以让上司注意到你，让你在他的脑海里留下一个好的印象。当然，这种幽默要恰到好处，千万别给其他同事留下讨好巴结上司的印象。

著名京剧老生马连良：你这个混蛋，还不快点滚下去！

一次，马连良先生演出《天水关》，他在剧中饰演诸葛亮。

开演前，饰演魏延的演员突然病了，一位来看望他的同行毛遂自荐，替演魏延这一角色。当戏演到诸葛亮升帐发令巧施离间计时，这个演员想和马连良开个玩笑。本来，他饰演的魏延应该下场，可他偏赖在台上不走，还摇摇摆摆地向诸葛亮一拱手，粗声粗气地说道："末将不知根底，望丞相明白指点！"

这个突如其来的情况并没有难倒马连良。他先是微微一怔，旋即向"魏延"莞尔一笑，说道："此乃军机，岂可明言？请魏将军站过来。"

这位同行见状，便凑到马连良跟前，看他扮演的"诸葛亮"到底会想出什么应对招数。只见"诸葛亮"稍微转了一下身体，俯在"魏延"耳边轻声说了些什么，那"魏延"立即微笑起来，口中连呼"丞相好计！丞相好计！”

说罢，魏延终于喜滋滋地下场去了。

这是一段临场随意加的戏，连台下的老观众也没看出其中的奥妙。其实，马连良的“好计”只不过是压低嗓门，笑着对这位捣蛋的同行骂了一句：“你这个混蛋，还不快点滚下去！”

演员演戏，就像歌手唱歌，翻来覆去地一遍遍地演，再精彩的戏也会让演员自己觉得枯燥乏味。于是，替演的演员突发奇想，在舞台上和马连良先生开了个小玩笑，二人一唱一和现场“加戏”，台下观众看不出丝毫不妥，两个人表演得也是天衣无缝。这段加戏，成为了剧场中的一段美谈，为后来的演员及观众们津津乐道。不过，此类玩笑只能在熟人面前开，倘若对方是陌生同事，甚至还有工作上的竞争，这样的幽默就有整人之嫌了。

美国第16任总统林肯：它们应该至少长到能够碰到地为好

一次工作间隙，林肯和几位同事坐在一起闲聊。

一位有些刻薄的同事说：“有些人的腿太长，而有些人的腿又太短，看起来非常难看。”

“那么，一个人的腿应该多长才恰到好处呢？”另外一个同事问林肯。

“我想，它们应该至少长到能够碰到地为好。”林肯随口答道。

这是一个无聊的问题，准确回答起来不仅毫无意义，也更显乏味。而且，就问题本身来说，林肯恐怕也想不出具体多少厘米的确切答案，只好说出了“长到能够碰到地”这样模糊又有趣的答案。这个答案产生了令人叫绝的效果，使这一无聊的谈话本身立即变得诙谐风趣起来。与同事交谈时，如果你也碰到了类似无意义，或者一时无法回答但又不能不答的问题，也可以学学林肯的招数。它的妙处在于伸缩性大，变通性强，语义不太明确，这样就使得谈话变得有趣起来，同事间的交谈也会变得更加活跃。

很多人觉得和同事没话聊，尤其是当彼此存在一些利益关系时，关系就会变得更加微妙。倘若不巧碰到一起，只能硬聊几句诸如“今天天气怎样”“今天加班吗”之类的客套话。其实，同事一场大可不必如此拘谨，这样紧张兮兮，不仅会使工作枯燥，生活也会变得乏味起来。你完全可以尝试添加一些幽默元素，增添一些闲聊的乐趣，因为乐观和幽默可以消除彼此之间的敌意，更能营造一种亲近的人际氛围。

尤其是在工作紧张的时候，你稍稍开一个幽默玩笑，不仅可以迅速缓解紧张气氛，帮助同事放松神经，还能让你的形象也变得可爱亲切起来。

举个例子：你所在的公司正在做一个大项目，上上下下绷紧了神经。好不容易熬到了午饭时间，一位美国同事不小心打翻了可乐杯子，汉堡也滚落到地上。她为此异常恼火，一边清理一边不停地唠叨说，蟑螂部队准保会因此大规模地袭击她的办公室。这时，你可以微笑着说：“绝对不会发生这种事，在我们中国，蟑螂只爱吃中餐！”

轻松的一句话，就可以使同事紧张的神经得以放松，与你的关系也会因此更进一步。

当然，我们与同事幽默要注意把握分寸，分清场合，不能无所顾忌乱开玩笑。尤其是跟老外同事，开起玩笑更要谨慎一些，必须要了解国与国之间的文化背景和职场习惯，因为某些文化差异可能带来令你哭笑不得的后果。

3. 会幽默，帮你笼络人心

在美国，不使用“幽默”，恐怕很难有什么作为，或者说很难官升一级。

这是一种很有趣的现象。在这个国家中，官员们都很擅长幽默，如果不会“幽默”，整天板着脸，根本无法博得选民的欢心，自然也无法从最底层一步步地竞选上来。所以，美国领导人常常在公众场合喋喋不休地和大家说笑话，这是最基本的“亲民”手段，也是赢得选民支持的方式。所以，在美国官职越高的人，就越擅长幽默，尤其是美国总统，几乎个个都是“幽默”高手。不信大家看看美国历届总统，每人都有经典的幽默段子，常在记者会上逗得记者笑得前仰后合。

其实，“官场”中的这条哲学，在“职场”上同样适用。试想一下，如若你身边有一位像里根总统这般风趣的同事，你是否愿意和他共事？我想，大多数人都会主动靠上前去，因为擅长幽默的人拥有极佳的“亲和力”，他就像是一块强大的吸铁石，无论是在“官场”，还是在“职场”，都能轻而易举地把周围的人聚拢在自己身边。

如若你想在职场上取得成功，那就赶紧练习提升自己的幽默力吧！

幽默能带给你意想不到的吸引力，通过幽默你可以展示自己的机智、善良、正直，让你超越时间、空间、种族，把身边的人都凝聚到你的周围，让你成为一个受人喜欢和尊重的人。

某公司销售经理小 K：各位先生，我全靠你们啦

公司销售部经理出缺，部里人才济济，尤其是几位主管更是为了这一职位争得头破血流，于是公司决定由其他部门的小 K 来担任新经理。

小 K 知道自己上任必定会引起元老级人物的不满，为了让大家快速地接受自己，他在致辞会上施展了自己的幽默才能："销售部能人太多，据说升谁当经理都是一种不公平，所以公司只得找我这么一个有傻福的傻人来。我这个傻人就像个蜡烛的芯，看起来最亮，又站在蜡烛的最高点、最中心，可我自己不能烧，要燃烧起来全靠四周的蜡油。所以，拜托各位先生，我全靠你们啦，请大家帮帮忙，别让我烧焦啦！"

小 K 这一番幽默的致辞逗得部门里的人前仰后合，早把要给小 K 颜色看的事情忘到了一边。

一个平易近人、幽默风趣的人，很容易获得其他人的好感。你把别人逗开心了，别人也就变得"好说话"了，不再视你为敌人、对手，甚至还可能把你当作最可交心的朋友。这就是幽默风趣的谈吐在人际关系中的奇妙作用，幽默可以化解矛盾、弥合分歧，也可以拉近距离、融洽关系，一个懂得幽默的人，工作起来才可以顺心顺手，步步高升。

美国第 16 任总统林肯：也许他们还分辨不清谁是总统

一次，林肯与一位新上任的财政部长边走边交谈。走到回廊时，一队早已等候多时、准备接受总统训话的士兵齐声欢呼起来。这位新部长愣了一下，不知道怎么回事，自然也没意识到他应该退开。这时，一位副官连忙走上前来提醒他退后八步，部长这才发现自己的失礼，立即涨红了脸。

林肯见状，立即微笑着说："白兰德先生，你要知道，也许他们还分辨不清谁是总统呢！"

一句简简单单的话语，立刻打破了现场的尴尬气氛。

林肯的这一幽默，淋漓尽致地表现出他的智慧和涵养，他能够站在对方立场上，体贴对方的尴尬和困窘，并适当地给予肯定和鼓励。具有这种大智慧的人，毫无疑问将拥有强大的号召力，赢得人心正是其拿手好戏。生活中，若你的同事不小心陷入尴尬当中时，你不妨学学林肯，主动挺身而出，帮助其幽默解围，化解他的尴尬。这样一个小小的举动，就能让你在瞬间赢得他的尊重和感激，让你更有亲和力，让人们死心塌地地跟随在你左右，聚拢在你的周围。

著名演说家特鲁在传授自己演讲的经验时说，成功的演讲应该把每一位听众都拉入到自己的圈子里。如果中途有人打断，应该抓住机会，趁机把对方拉拢过来。譬如，特鲁会问打断的人："先生，请问贵姓？"待对方回答后他会再问："那是你的真实姓名，还是你自造的？"然后，特鲁就跟这个人开玩笑，尽量使他觉得自在。

特鲁说，他这样做是有原因的，因为大多数人宁可被开玩笑，也不愿被忽视，并且每个人都希望被包容，而不愿遭受排斥。特鲁这一演讲经验所总结出的，正是人与人交往中最重要的一点：相互关注，相互尊重。

我们要通过幽默拉拢人心，需要做的也是这样一点，即通过幽默言谈使对方感觉被关注，从而拥有一种愉悦的心情，提升对你的信任度。要知道，在人际交往中，最大的侮辱莫过于被轻视，你关注对方、尊重对方、体谅对方，自然而然就能将其拉拢到自己周围，成为你的"忠实粉丝"。需要注意的是，用幽默笼络人心还要注意场合和内容。只有善意的幽默才能增添别人对你的信任度，使你变得人见人爱。

除了幽默，适当的关心也能帮你拉拢人心。譬如，新同事对手头的工作不熟悉，很希望得到前辈的指点，但是心有怯意，不好意思向人请教。这时，你若能伸出援助之手，主动指点帮助一下，往往会让他们铭记终生，打心眼儿里深深地感激你，并且会在今后的工作中更主动地配合和帮助你。

4. 幽默让错误变得无足轻重

生活中，错误总是难以避免，就连冬奥会开幕式这等重大场合都是如此。

2010 年 2 月 13 日，温哥华冬奥会隆重开幕。在万众瞩目的点火仪式上，发生了令人目瞪口呆的一幕：四根预设的欢迎柱只升起了三根，虽然全世界的目光都聚焦到余下的那根，可遗憾的是，它终究“千呼万唤没出来”。

如此重大的赛会出现如此重大的失误，冬奥会组委会的颜面可谓扫地，成为了全世界的笑柄。3 月 1 日，温哥华冬奥会闭幕式如期举行。令人不敢相信的是，火炬台竟然仍以“残缺”的状态搭建着，开幕式上“失误”的一幕被复制到了全世界观众的面前。紧接着，一个装扮成电工的小丑蹦跳着来到没有竖起的欢迎柱前，表情诙谐地左拍拍右看看，他找到了故障原因，并努力将欢迎柱缓缓地拉起。然后，小丑欢快地请出火炬手点燃了奥运火炬，奥运圣火熊熊燃烧。

看到这儿，全场沸腾了。第二天，专业媒体用“幽默而伟大”这个词组高度赞扬加拿大人的举动。加拿大人用一种自嘲的方式轻松挽救了此前的巨大失误，不仅无损于他们的形象，反而使他们的失误变得无足轻重，甚至有些可爱起来。

幽默，就是有着如此巨大的作用。

如果你在职场中不小心犯了错，不妨学学加拿大人，想方设法用幽默的方法加以弥补。加拿大人的经历告诉我们，犯了错误并不可怕，只要我们能够将错误给以轻松诙谐的诠释，不仅可以让你全身而退，因此功成名就也未可知！

幽默就像是一颗“糖衣炮弹”，当你犯下什么小错误时，赶紧打出这颗炮弹，包管大家在大笑之余忘记了你的小错误，反而将你的幽默风趣、健谈乐观铭记于心。

崔永元：擅用自嘲自虐的主持人

在河南卫视推出的《成语英雄》一期节目现场，在一对祖孙选手参加比赛时，毕业于哈尔滨工业大学的爷爷，面对孙女比划的东西，怎么也猜不对什么成语，主持人崔永元看到老先生急得脸都红了，便提示道：“我这人从小就笨，学什么都学得很慢。像我这种资质的人，想考到哈工大，从小要怎样努力？”“笨鸟先飞！”

老先生说出答案后，终于松了一口气，现场沉浸在一片笑声和掌声中。可接下来的环节又卡住了，崔永元又一次提示：“还是像我这样笨的人，比我成绩好的都没考上哈工大，而我竟然考上了。这在我们村里会产生什么样的效应？”“石破天惊！”现场又是一片笑声和掌声。

到了节目点评环节，点评嘉宾钱文忠教授忍不住调侃道：“你用自嘲自虐的方式提示老先生，让老先生豁然开朗，说明你不是笨鸟。不过如果笨鸟真的笨起来，向相反的方向飞去可怎么办呢？”

“那当然是飞去广播学院了。”崔永元没有丝毫犹豫的回答。

崔永元曾说：“想要幽默，首先要有自我牺牲的精神。”在这期节目中，他便是不惜牺牲自己，来打开老先生的思维，而在面对钱文忠的“刁难”时，他仍然紧跟之前的剧情化虚为实，拿自己的毕业院校来答之。如此的幽默和智慧，不得不让人佩服。

19 世纪英国作家狄更斯：虚构故事是作家的事业

一天，狄更斯坐在江边垂钓，一个陌生人走到他的面前问他：“怎么，您在钓鱼？”

狄更斯以为来人也是位钓鱼爱好者，便毫无保留地说：“是啊！不过，今天运气很糟糕，这么久也没钓到一条。昨天也是在这里，我轻松地钓了15 条呢！”

没想到，他话刚说完，对方就露出本来的面目了。

“先生，您知道我是谁吗？我是专门管这段江面的，这儿禁止钓鱼！”说完，他从口袋里掏出发票本，要记名罚款。

狄更斯见状连忙反问：“先生，您知道我是谁吗？我是作家狄更斯，虚构故事正是我的事业，所以您不能罚我的款！”

狄更斯的解释简直是强词夺理，但就是这种“明目张胆”的强词夺理造就了一种强烈的反差，让听到的人大笑不已。如果你在工作中也犯了类似的错误，不妨也学学狄更斯，用不着边际的解释为自己“开脱”，这样幽默的“开脱”比起那些认真却俗套的解释，不知要管用多少倍！

要想在犯错后施展幽默脱险，首先要做的就是保持头脑冷静。

要知道，犯错后保持冷静非常困难，这时你要不停地暗示自己：深呼吸，深呼吸，就当不小心在家里砸了个碗，打扫干净就没事了。只要心情放松下来，幽默言辞自然就会从脑海中蹦出来，让你看起来不再那么呆头呆脑、傻里傻气。

譬如，你上班迟到 5 分钟，可以在进公司前把手表调慢 10 分钟，然后不慌不忙地走进大门。如果有人质问你："你看看都几点了？"你就可以佯装看看手表，然后理直气壮地说："咋，来早了还不行吗？"

如果这个招数已经被人用过，那你还可以发挥想象力另辟蹊径，总之越不靠谱越为上。譬如，你可以故作正经地说："我急匆匆地赶来上班，走到半路才发现自己还穿着睡裤，只得回家换了条裤子！"

你这样一说，一定惹得对方大笑不已，再不把你迟到几分钟的事情放在心上。

不过，这里还要提醒大家，如果你犯的错误太过巨大，那就别急着借幽默给自己找台阶下，还是先给自己一些直面错误的勇气和愿意承认错误的诚意吧。很多时候，人们对待自己犯下的错误总喜欢遮遮掩掩，殊不知，错误就像伤口，越捂越盖就越容易发炎发脓，而把它置于空气之中，反而愈合得更快。所以，对待重大错误，要先勇敢地承认它，并承担起相应的责任，然后以幽默的态度调侃它、纠正它，这才是正确的幽默之道。

5. 学会用幽默为自己辩护

人在职场，不可能事事都一帆风顺，有时候我们的工作也会受到他人的误解、质疑、不信任等，这时应该如何应对？

在现实生活中，大多数人都习惯于把牙打碎了吞到肚子里，忍一忍也就罢了；也有人认为自己不能受委屈，同事稍有异议他就会大发雷霆。其实，这两种做法都是不明智的，隐忍不辩驳，让人以为你工作能力差；大发雷霆又会让人觉得你没有涵养、不易相处，这样的人即便工作能力再强，也会被同事和上司所忌惮，对自己的生活和工作都将带来很大的影响。

所以，当你被误解、质疑时，应该采取幽默、随和的态度为自己辩护，这样不仅可以为自己洗脱罪名，还能让双方的合作更加愉快。

幽默地为自己辩护，这很考验你的忍耐力。在遭受对方质疑时，你必须按捺住自己的火气，让自己心平气和，甚至还要笑脸相迎。一个亲切的微笑，要比逻辑鲜明的辩解管用得多。

法国作家大仲马的仆人：我想您大概不至于用一个发了疯的仆人吧？！

法国作家大仲马经常训斥他的老仆人。一天，仆人没有按照他的吩咐办好事，大仲马暴跳如雷地吼道：“天啊！不是你疯了，就是我疯了啊！”

“先生，”仆人微笑着辩解道，“我想您大概不至于用一个发了疯的仆人吧？！”

大仲马作为主人，喜欢颐指气使，对待仆人的错误经常会暴跳如雷。而老仆人相比较而言，就显得势单力薄，毕竟寄人篱下，他得罪不起主人。但是，老仆人也有尊严，不能任由大仲马如此羞辱、宰割，便巧妙地站在对方的角度，幽了一默。这个小幽默用对方的武器进攻了对方，又避免了矛盾激化，读来在情在理，实属无懈可击。职场当中，如果你不幸遇到类似大仲马强悍作风的上司或同事，也可以学学大仲马的仆人，站在对方的角度，表达自己的不满，或许更容易被对方所接受。

美国第2任总统约翰·亚当斯：平克尼将军肯定是瞒过了我

1800年，约翰·亚当斯和平克尼竞选总统。在美国总统竞选中经常会发生造谣中伤的现象，当时共和党人就指控约翰·亚当斯，说他曾派其竞选伙伴平克尼将军到英国去挑选四个美女做他们的情妇。其中，有两个给了亚当斯，两个留给了平克尼。

亚当斯听后哈哈大笑：“假如这是真的，那平克尼将军肯定是瞒过了我，把四位美女全给独吞了！”

在场的人听罢哄然大笑。

亚当斯想必很明白，这类造谣中伤的事情，他越是百般辩解，全力进行否定，就越是有口难辩。辩解到最后，会把事情越描越黑，反倒弄假成真，让对方目的得逞。所以，亚当斯没有一本正经地辩解，甚至没有反驳，而是戏谑地说，一定是平克尼将军瞒过了他，把美女给独吞了。这样间接地否定了自己挑选美女的事情，更让大家见识到了他的幽默风趣，成功竞选也在情理之中。

职场办公室谣言也很多，如果坊间正流行什么对你不利的谣言，不必较真。如果有心情，就学亚当斯这样开个玩笑，揭露真相；如果你没这个心情，就让它自行消失吧！

俄国著名文学家普希金：现在你差不多也要把我烧死了

普希金在《夫人》一书中，写到了美容产品大王卢宾丝坦女士。后来，在一次宴会中，有陌生人不断地批评他，认为他不应该写卢宾丝坦这种女人，因为她的祖先烧死了圣女贞德。普希金几度想改变话题，但都没有成功。

“好吧，那件事总得有个人来做，现在你差不多也要把我烧死了。”普希金无奈地说。

众人听后哈哈大笑，普希金还不忘加上一句妙语：“作家都是他的人物的奴隶，真是罪该万死！”

普希金的作品毫无缘由地被质疑，这让他很难堪。不过，普希金没有进行头头是道的辩解，因为他清楚，在真正的读者面前所有解释都是多余的，而在这种偏执的读者面前，再多的解释也是徒劳。于是，普希金主动示弱，自己开自己的玩笑，逗得全场的人哈哈大笑。这种幽默很值得借鉴，话语中带有浓厚的人情味，不仅能帮助你脱困，更能表达出你宽宏大量的胸襟和气度，非常难得。

职场当中，敢于为自己辩护的职员并不多，生怕自己表述不当，惹得同事或者上司不悦，反而造成更大的负面影响。其实，如果你的同事或上司通情达理，适当用幽默的言辞为自己辩护，可以更好地沟通情感，对于工作的开展十分有益。

譬如，某个月你所在部门的销售额很差，因为部门经理做出了错误判断和方案，给公司带来巨大损失。但是，部门经理人为臆断，认为问题都出在员工身上，对你们大发脾气：“就你们这种水平，还有脸在这里干？别说你们了，即便是支足球队，连续输球的话也得裁换队员，更何况你们？如果你们不能胜任，那就赶紧走人！”

这时，你倒不妨乐呵呵地对他说：“经理，我看咱们国足队员没怎么换，倒是教练走马观花地换了不少！”

问题出在哪个环节，就该由哪个环节负责。面对销售额低的事实，部门经理不从自身找原因，反而大声呵斥下属，把所有过错都推到下属身上，这是很不妥当的。但是，对方正在气头上，你不合适正面反驳，倒不如从他的话入手，找准机会幽默地加以反驳和辩护，巧妙地指出对方的不足。

当然，有些时候你也可以通过人力资源部门为自己申诉，这也避免了你为了一些鸡毛蒜皮的小事与其他同事或者上司产生冲突，免得你不小心碰钉子。而且，先和人力资源部门沟通，也能让你得到更专业、科学的建议，懂得用何种方式去处理这类冲突或问题。

6. 用幽默避开职场难题

很多时候，领导或者同事会把一些分外的、棘手的、繁重的工作硬塞给你，如果你直接拒绝推辞，领导和同事可能会对你不满，甚至寻机会给你找麻烦。于是，常有人安慰职场新人，做吧做吧，工作不论分内分外，对你来说都是锻炼机会，必须二话不说应承下来，硬着头皮做完还要做好，这样你才有出人头地的机会。

可实际上呢，有些工作在你能力范围之外，你花费再多脑细胞也未必能做好；而有些工作就是烫手的山芋，做得再漂亮也是费力不讨好。所以，工作任务不能“来者不拒”，该推掉的工作必须推掉，当然必须采用幽默的方法，才能让对方微笑着接受你“推辞”的现实。

处理棘手的工作，就像伺候一位难缠刁钻的婆婆，稍不留心就会给你带来很大的麻烦。如果你自认没有足够的才智挑战这类工作，不妨学学下面这些人的做法，巧妙幽默地加以拒绝吧。

国画大师张大千：我是画画的，是小人，怎敢动口呢？

一次，张大千与国民党元老张群、黄季陆等人同桌进餐。席间，90 岁高龄的张群对张大千说：“大千先生，你最会摆龙门阵（四川人称“聊天”为摆龙门阵），是不是摆（讲）一个给大家听听。”

张大千可不想在公众场合演讲发言，言语上稍有不慎，惹恼了当局可就大大不妥了。于是，张大千摇手说：“张老，要不得，俗话说‘君子动口，小人动手’嘛，我是画画的，是小人，怎敢动口呢？”

众人听了哈哈大笑，自然也就忘了要他演讲的事情了。

张大千有一个习惯，客人越多越热闹，他的兴致就越高，兴之所至就什么话都敢说，什么事都敢做。在国统时期，乱说话可是会惹麻烦的，张大千十分清楚这一点，便想出了这样一个幽默点子，控制自己的情绪，拒绝公开讲话，自己出错的概率也就大大减少。如果你也遇到类似情形，也可以学张大千自谦、自嘲一番，拿自己开开玩笑，幽默地表示推辞，往往都能收到较好的效果。

某公司会计小王：进步的是失眠症及智能，退步的是记忆力

公司经理经常要求小王加班，小王一个人包揽了三个人的工作量。临近年底，经理又推给小王一件棘手的工作，小王百般推辞。这时，恰逢圣诞节，依照公司惯例，那天每位员工都要说一说自己的“一年近况”。

于是，小王这样写道：“这一年对我而言，进步的是失眠症及智能，退步的是记忆力，总体收支平衡；增加的是腰围及胆固醇，减少的是头发及幽默感。附注：如果你注意到今年的报表字体比以前有所放大，那证明本人视力正在无可挽回地退化。”

几天后，经理给小王的部门安排了新手，接手那件棘手的工作。

如果你的工作量过大，工作内容过于棘手，一定要及时和领导沟通。但是，你在诉苦时可别做苦大仇深状，把心里的牢骚一股脑全倒出来，这样很容易引起领导的反感。所以，我们可以向小王学习，尝试用幽默的方式来表达不满，提出自己的想法和建议。这种处理方式收到的效果，要比直接说明管用得多。

作家陆文夫：中国人都要等客人离开后才打开盒子

一次，陆文夫参加第48届纽约国际笔会。在这次笔会上，有外国人士询问他对性文学的看法。

陆文夫不想在公开场合过多地谈论性文学，便幽默地回答道："在接受朋友的礼品时，西方人往往当着别人的面就打开看，但中国人却恰恰相反，一般都要等客人离开后才打开盒子。"

与会者哈哈大笑，再没有用这一问题为难陆文夫。

陆文夫很清楚，"性文学"是极其敏感、复杂的问题，一旦表述不当就会流于轻浮和庸俗。所以，陆文夫含蓄地用"接受朋友的礼品"来比喻，巧妙地回避了这个问题。如果你也遭遇到比较敏感、复杂的问题，也可以通过比喻来说明，委婉地拒绝。为了表述清楚，又保留颜面，你的解释要可以化深奥为浅显，化抽象为具体，化生僻为通俗，这样才能使自己的论证效果倍增，达到委婉推辞的目的。

工作当然要认真努力，但世事难料，努力并不能让你解决一切问题。

举个例子，你有个同事，做事马虎拖沓，常在下班后打电话叫你过去帮忙。这种事情一次两次还好，可次数多了谁都受不了。如果他再次提出要求，你可以笑着对他说："我真的很想去帮你呀，可是现在真的不行啊！不瞒你说，我刚在路上见到一姑娘，只一眼我就认定她是我今生相伴的那个人，我现在必须上前向她表白，恳请她帮我生个儿子！"

这是一个非常明显的编造的荒谬的借口，对方听完就会明白你的真正含义。但是，由于这个答案带有幽默成分，两个人大笑一下，也就把事情糊弄过去了。而且一般情况下，他应该再不会对你提出这种无理要求了。

你也可以找个借口埋汰自己，委婉地拒绝。譬如："我想去帮你，可现在不行，我这个榆木疙瘩整天干蠢事，竟然把自己反锁在家里了！真希望玉皇大帝把我收了去，我的智商真是给人类抹黑呀！”

除了同事，领导方面的压力也不能小视。譬如，你的工作已经被排得满档，就连冲杯咖啡、上趟厕所的时间都得拿来思考工作上的问题。结果冲劲十足而且充满朝气的老板，不知是吃了人参还是喝了鸡汤，总是嫌你工作太轻松，不时给你加点工作“小点心”，没事儿就叫你帮忙打个材料、写个总结什么的，明明弄得你措手不及、苦不堪言，他还美其名曰：压力便是动力。

这时候，你就要学会未雨绸缪，抢先一步堵住对方的嘴。譬如，领导这会儿又把你叫到跟前，问你手头上的工作做得怎样了。他的询问其实是种寒暄，实际是想给你增加新任务。这时，你一定要抓住时机，在他布置新任务之前开口，尽量夸张地说：“头儿，这几天可真把我累坏了，忙得连休息的时间都没有了，不过您放心，在我累倒之前，我会坚决地完成任务，不用为我担心！”听了这话，他自然就不会再给你增加任务，所以根本不存在拒绝一说，对自己、对对方来说，都不会存在面子上过不去的问题。

不过，什么事都难保万无一失，如果你真的无法推脱，那也只得硬着头皮干。但是，在做之前你必须跟领导说明自己的工作压力，尤其是那些棘手的工作，一定要先明确一点，即“遇到不明白的问题要随时请示”，这样勤汇报，即便出了问题领导也不会把责任一股脑儿地推到你身上，免得最后你忙得爪掉还落得一身埋怨。

7. 幽默管理，才能与下属打成一片

面对经济的动荡、竞争的加剧，企业员工承受着超乎寻常的压力。如果你是位管理者，一定要想想，如何才能鼓舞员工的士气，并激发他们的创造性和“突破桎梏的思维”，这对于公司发展至关重要。

其实这并不难，只要你能够进行幽默管理，问题就解决了大半。

美国曾专门针对 1160 名管理者进行一项调查，结果显示，有 77％的管理者会在员工会议上以讲笑话来打破僵局；有 52％的管理者认为幽默有助于其开展业务；有 39％的管理者提倡在员工中“开怀大笑”。而在美国芝加哥，还存在一个专门制作和发行有关幽默训练方面电视片的机构。它现在正为 12000 家美国公司提供“幽默”服务，尤其是公司管理者，无论多忙都会抽出时间学习幽默管理。要知道，幽默不只是儿童的把戏，让员工们开心起来，公司的生产效率就会大幅跃升，而这是公司发展的原动力。

幽默的主管比古板严肃的主管更易于与下属打成一片，你要想身边的下属能够和自己齐心合作，那就尽量幽默一点儿，让自己看起来更加人性化，自然就能使自己在员工中间更受尊敬和爱戴。

某单位人事主管：我打算定制一个人性化的闹钟给你

公司有员工经常迟到。于是，主管把这个部属找来，面带笑容地对他说："你经常迟到，应该都是闹钟的问题。所以，我打算定制一个人性化的闹钟给你。"

"人性化的闹钟？"员工听了十分费解，不知道一个闹钟还能怎样"人性化"。

"好吧，我给你具体解释一下。"主管对员工挤了挤眼睛，轻松地说："它先闹铃，你醒不来它就鸣笛，再不醒，它就敲锣，再不醒，就发出爆炸声，然后对你喷水。如果这些都叫不醒你，它就会自动打电话给我帮你请假。"

面对经常迟到的员工，绝大多数管理者都会提出严厉批评，而且一次比一次严厉，甚至下达最后通缉令——再迟到就给我走人！

当然，在公司管理中，批评与责备是不可缺少的，但在某些场合，指责和批评难以取得良好的管理效果。正因为如此，这位主管通过幽默的方式提出批评，通过满面的笑容来进行管理，这不仅冲淡了批评与责备的意味，保全了对方的自尊，也达到了管理的目的。而且，通常这种管理更容易打动员工，让他自觉、自省，最终改掉自身的毛病。

新西兰著名化学家卢瑟福：那么你用什么时间来进行思考

卢瑟福有个学生，常常不知疲倦地待在实验室里。某天深夜，卢瑟福无意中又在实验室里碰见了他。

"这么晚了，你还在这儿做什么？"卢瑟福问道。

"我在工作。"学生得意地回答，很为自己的勤奋沾沾自喜。

"那你白天做什么呢？"

"白天也在工作。"

“那么早晨呢？”

“当然，教授，我早晨也是在工作。”说到这儿，这名学生更加得意了。他本以为，接下来老师一定会夸赞他，可没想到卢瑟福竟然微笑着说：“请问，你用什么时间来进行思考呢？”

擅长工作者，首先会思考最佳的解决方法，高效率短时间地解决问题。可是，总有些员工像卢瑟福的学生一样，以为只有不停歇的工作才能得到上司的赏识，这是大错特错的。如果你公司里就有这样“死脑筋”的员工，你不必直接劝他休息一下，把精力放在提高工作效率上，而是学学卢瑟福，用幽默的口气反问对方，让他自行领悟。这样劝阻的方式自然、轻松，又极富哲理，很容易让对方在微笑中接纳你的建议。

某大公司总经理：你竟然闭着眼睛把它打了出来

总经理吩咐女秘书，要尽快打一份商业保密文件。女秘书那天很不在状态，便马马虎虎地把它打完，稀里糊涂地交了差。总经理看到错漏百出的文件后，故作调侃地说道：“小姐，虽然我告诉你这是一份商业保密文件，但你也不必如此认真听话，竟然瞧也不瞧，闭着眼睛把它打了出来。”

任谁都听得出，总经理的话是反语。从字面上看，他似乎在夸赞女秘书打字技术高超，实质上是暗示文件打得太差。这位总经理是位聪明的管理者，虽然他们是上级和下级的关系，可如果批评、指责的太过直接，会给双方的关系带来负面影响。于是，他通过幽默暗示，表达了自己的不满，对员工的消极态度提出批评，使自己的管理更加人性化，也更易被员工所接受。

对于管理者来说，管理幽默是一种创造性的本领，需要随机应变，根据对象、环境以及刹那间的气氛，说出最恰当的幽默言谈。当然，随着知识积累的增多，社会交往能力的增强，对事物的反应和应变能力也会随之增强，你的幽默能力自然也会有所提高。

需要注意的是，这种幽默管理不是毫无顾忌、随处可用的，应在某些特定的场合和条件下发挥幽默。举个例子，在一个正式的会议上，你的属下正在进行严肃的发言，而你却突然冒出一两句逗人的话。当然，大家会被你的幽默逗笑，但发言的那位下属心里肯定认为你不尊重他，对他的发言不感兴趣。所以，不幽默时无须硬要幽默。如果当时的条件并不具备，你却要尽力表现出幽默，其结果必定是勉为其难，大家甚至会为了该不该发笑来附和你而感到左右为难。这会令彼此陷入更尴尬的境地。

最后还要请各位管理者注意，管理型的幽默必须做到高雅，内容积极健康、乐观向上。乐观积极的幽默，会对员工进行正面、积极的引导，使公司环境更加和谐，工作效率也会随之提高。反之，如果幽默太过低俗、消极，整个公司的氛围也会随之低沉下去。

8. 职场政治，幽默助你明哲保身

弱肉强食，党同伐异，这些“政治圈”会发生的事情，在职场中也很常见。如果应对不当，会让你在公司陷入“千人所指”的尴尬局面；反之，如果你能妥善处理，职场政治反而会成为一枚运载火箭，让工作顺利进行，帮助你迅速提升。

那么如何掌握并利用职场政治的积极规则？简单说来只有一点，即在幽默的心态下“睁一只眼闭一只眼”。“睁一只眼”，是要大家能够看清公司内部政治形势，做到心里有数；而“闭一只眼”，就是要大家学会调整心态，即使受到公司的政治压迫，也要学会适应，学会在逆境中求生存；而幽默，就是大家保持积极乐观心态的法宝，采用幽默的方式方法与同事沟通，并避开职场政治争端，才能让你明哲保身，并最终获得同事的青睐和上司的赏识。

对于职场人来说，你能否将自己的才华与抱负等值地转化成为现实价值，职场政治起着一定的左右作用。只有善于利用职场政治的积极作用，才能为自己的职业生涯铺平道路。

某公司文秘小周：我寻找资料的速度，到底没有老总的两只耳朵快

一次，上司突然向小周要一份文件。那份文件是小周半年前起草的，他以为不再需要，就没有保存。如今上司突然索要，他又想不出放在哪里，便托词“放在家里了”，随后抽时间再重新做了一份以应急。

这一切，同事小张都看在眼里，并偷偷向上司检举，惹得上司非常不满，严厉地批评了小周。对此，小周记在心里，并故意找机会在小张面前若无其事地说：“看来，我寻找资料的速度，到底赶不上老总的两只耳朵快啊！”

在职场中，人们最忌讳的就是小张这种爱打小报告的人。在上司面前打小报告，非常容易引起是非纷争，让同事产生戒备之心。但是在职场中，就存在很多以此为乐的人，以为这样就可以打击对手，使自己平步青云。

如果你身边也有这样一位愚蠢的同事，不必和他一般见识，可以借适当的时机用幽默的话语暗示他一下。不用苦大仇深地和他对着干，这样反倒显得你有失水准了。而且，这种喜欢偷偷耍手腕、下绊子的人，你也未必能对付得了，你越光明正大，就越容易吃亏。

美国第16任总统林肯：你问过殡仪馆了吗？他们有没有意见？

一位关税主管突然去世，这样的变故令林肯惋惜不已。

不巧，就在当天夜里，林肯突然接到一个电话。来电者正是那位关税主管的好友，他试探性地问林肯：“总统先生，有位关税主管刚刚去世，您看能否让我取代？”

林肯非常生气，但仍不露声色地说：“我当然不反对，你问过殡仪馆了吗？他们有没有意见？”

好友刚刚去世，就有人竟然马上请求取代其位置，丝毫不为之羞愧。对于这种人，林肯厌恶至极。但是，林肯不便过分指责，以免树敌，便假装糊涂，故意把对方的意图中的“取代职位”理解为“取代身体”，体面地拒绝了对方的无理要求。如果你也遇到这种为难的问题，对方又不能得罪，可以表面上故意装聋作哑，稀里糊涂地加以应付，实际上却十分清醒认真地表达意见。真真假假，假假真真，让对方想挑刺都无从下手。

作家伏尔泰：如此看来，我们俩都说错了

伏尔泰毫不吝惜自己的赞美之词，无论是对同辈作家，还是对青年作家。

一天，伏尔泰又在朋友面前谈起一位同辈作家的作品，随后大肆赞扬了一番。没想到，朋友一反常态，不仅没有应和，反倒阴沉着脸说：“听你这样慷慨地赞扬这位先生，我感到很遗憾，要知道，他经常在背后说你的坏话！”

“是吗？”伏尔泰略一沉思，随后笑着说，“如此看来，我们俩都说错了。”

再光明磊落的人，也不会喜欢在背后下绊子的人。不幸的是，伏尔泰就遇到了这样的人，结果拿自己的热脸贴了人家的冷屁股。还好，他能豁达看待这一切，用一句“我们俩都说错了”，轻松化解了彼此的尴尬，更凸显出自己宽厚、仁慈的胸怀。

职场中，我们也常常会遇到这种同事，中了他们暗设的圈套。对此不必太挂心，相处得久了，他是什么人大家一清二楚，或许都和你一样厌恶他的为人。所以，宽容对待他们的小伎俩、小手段吧，和他计较、认真反而让你有失水准。

东晋书法家王献之：为臣之书法，人臣中第一

东晋简文帝喜好书法。一天，他拿着自己的书法作品问大臣王献之：“卿以为朕的字如何？”

“皇上的字自然是好的。”王献之答道。

“怎么个好法？”简文帝明显不够满意，便继续追问道，“与卿比如何？”

“陛下之书法，皇帝中第一；为臣之书法，人臣中第一。”王献之不卑不亢地答道。

俗话说，伴君如伴虎。侍奉君主可是一种大智慧，稍有不当就会惹祸上身。但是，王献之不愿卑躬屈膝、一味奉承，于是巧妙地把简文帝的问题，演变成两个问题，即“皇帝中书法谁第一？臣下中书法谁又第一？”这样的设置，就避开了他不想公开正面回答的问题，虽然答非所问，但不仅保存了自己的尊严，又照顾了皇帝的面子，使问者和答者都十分满意。

在职场当中，我们也常会遇到“争先”“争第一”等类似问题，如果你不想也不便正面回答类似问题，可以绕开问题的实质谈与其有关的问题。这种方法表面上答非所问，实际上是以退为进，意在言外。

职场政治错综复杂，总会让人云里雾里、摸不着头脑，更别提是初出茅庐的菜鸟新人了。

如果你就是位职场新人，首先要学的就是做人。你要学会基本的文明礼仪，这样才能把个人的基本素养很自然地、本能地带到工作岗位上，以一种平和、积极的心态对待工作和他人。你可千万不要学前文中那位爱打报告的小张，正所谓“宁在人前骂人，不在人后说人”，如果同事有缺点或不足之处，你可以当面指出，绝对不能在背后议论，甚至贬损对方。你要尊重同事的兴趣和爱好，不要将个人好恶带入职场，注意经济上的细节往来，以免开罪了别人，日后就少不了你的小鞋穿。

学好了做人，你就可以专注于雕琢自己的语言幽默了。适时地开个玩笑，幽默一下，这是控制情绪、激励自己妥善处理人际关系的好办法，可以打破严肃尴尬的气氛，给职场生活注入新鲜和活力，帮助你赢得周围人的青睐。

当然，要想在职场驰骋，只做好自己还不行。无论私企、国企还是机关单位，都少不了大大小小的派系之争。你得注意不要卷入是非旋涡。事实证明，没有哪个派系能够长久占据支配地位，一旦势力衰退，其他派系开始抬头，结局肯定是“报仇雪恨”，进行“派系清洗”。所以，在派系针锋相对期间，你最好以幽默为幌子逃开混战，既不参与议论，更不要散布传言。这样虽不能保你步步高升，但要做到明哲保身还是轻而易举的。

9. 办公室幽默，对男对女大不同

俗话说，男女搭配干活不累。事实的确如此，职场中，男女同事保持正常交往，对提高工作效率大有裨益。不过，男女同事毕竟存在性别差异，要平衡好这之间的关系大有学问。毕竟，职场男女比不得异性同学或朋友，谈话可以海阔天空、家长里短，即便玩笑开得过分了，大家也会嬉笑一下了事。男女同事之间就不行，如果你想开个玩笑缓和一下气氛，一定不要弄错了开玩笑的对象和内容，否则不仅会招致异性同事的反感，还可能会给你的职业生涯产生不利影响。

法国剧作家贝尔纳就曾在异性面前开过不恰当的玩笑。

那是在一次宴会上，一位年轻的女记者被安排坐在他身边。贝尔纳素来讨厌女记者，那位女记者知道这一点，本不想理他，但看到他一个人怪孤单的，就热情大方地对他说：

“贝尔纳先生，随便点儿，你把我别当个女人对待就可以啦！”

贝尔纳没有吭声。饭后，贝尔纳站起来拍了拍女记者的肩膀说：“走，一起撒尿去！”

女记者听罢惊愕不已，不知如何是好。

或许，这位女记者的热情、大方感染了贝尔纳，贝尔纳想主动开个玩笑缓和一下气氛。不过，贝尔纳开的玩笑对异性来说很不恰当，不仅没能缓和气氛，反倒惹恼了对方。很显然，贝尔纳先生的这一幽默以失败告终。

与异性同事开玩笑，要注意依据性别选择说话的内容和表达方式，要严格把握分寸，在内容和方式上都要充分注意异性的接受特点，努力使自己的言行吻合接受者性别的需求。下面几个小故事，就是很好的幽默案例，大家可以学习一二。

某空军军官：小飞机非常漂亮，可更漂亮的是机场

在航空俱乐部的一次集会上，某青年军官被一位漂亮的空姐迷住了。那位空姐身着晚礼服，胸部半裸，颈上系着一个闪闪发光的金色小飞机的垂饰。军官看到女孩白皙、丰满的胸部，难为情地低下了头。

“怎么，你喜欢这个金飞机？”女孩温柔地问道。

空军军官犹豫了一下，终于鼓起勇气小声说：“小飞机非常漂亮，可更漂亮的是……机场。”

女孩听了开心地笑了。

空军军官的这个小幽默，明显带有“色”的意味。但是，他对分寸把握得恰到好处，他没有俗不可耐地说更漂亮的是你的“胸部”，这让空姐十分意外，更为小伙子憨实的风趣所吸引。不过，这种幽默必须足够真诚，自尊自重，如果你摆出一副垂涎欲滴的样子开这类玩笑，那可就大大地不妥了。譬如，有男职员在女同事面前开玩笑，说乳房是唯一能吃的房子，对成年人来说，厚脸皮的人吃不够，薄脸皮的人吃不着。这类笑话在男同事面前说说无妨，但在女同事面前说来可就有伤大雅了，若对方是个厉害角色，告你性骚扰也未可知。

马场女员工：尽管去做吧，反正它们都是你的

马场老板带着新来不久的女员工骑马查看马场。走着走着，眼前出现两匹马儿一公一母，竟然交颈亲热起来，马场老板不胜向往地对女员工说：“你看，那正是我想做的。”

女员工咯咯一笑，爽朗地说：“尽管去做吧……反正它们都是你的。”

很明显，老板想要趁机吃女员工的豆腐，提出了一种很不得体的暧昧暗示。对此，女员工如果直接斥责，肯定会引起老板的不满，丢掉工作也未可知。于是，女员工故意装糊涂、开玩笑，让对方碰了个大软钉。这种反击式的幽默，对于化解职场骚扰非常管用，紧抓住对方言辞、肢体的小辫子施以反击，比迎头给他泼一盆冷水还要管用。

英国生物学家达尔文：您是由长得非常漂亮迷人的猴子变来的

在一次宴会上，达尔文和一位漂亮的女孩亲切地攀谈着。

“亲爱的达尔文先生，听说你断言，人类都是由猴子变来的。那么，我也属于您的论断之列吗？”女孩嬉笑着说。

“那当然。”达尔文彬彬有礼地回答道。

听了这一回答，女孩有些不悦，抬脸问道：“怎么，您看我像猴子？”

达尔文见状，连忙微笑着说：“是的，不过，您不是由普通的猴子变来的，而是由长得非常漂亮迷人的猴子变来的。”

女孩听了这话，立即多云转晴。

达尔文的幽默非常简单，简直就是一种微笑式的称赞。但是，这种简单的幽默可以取得非常好的效果，不仅能让你坚持自己的观点，还能巧妙地获取对方的好感。与异性同事相处，通过这种幽默的方法称赞对方，往往可以迅速拉近彼此间的距离。当然，小心别把距离拉得太近，表达语气也不要太粘腻，否则就有油嘴滑舌、勾引异性同事之嫌了。

在办公室这个无风还起三尺浪的地方，男女同事之间的话题应主要放在工作上，工作以外的话题只能蜻蜓点水、浅尝辄止，不可漫无边际、肆意扩大。如果你要开玩笑缓和气氛，也请先记住，这不是同学聚会，更不是自己家的小圈圈，玩笑一定要把握火候，不能开得太过分。

譬如，很多男同事喜欢在女同事面前说黄色笑话，这是很不妥当的，这会降低自己的人格，让人觉得你没有素质，对你的印象会因此大打折扣。还有一些低级笑话，对于同事沟通根本没有帮助，还会拉低你的整体水准。至于究竟什么是高雅的，什么是低级趣味的，各人的意见和反映各不相同。所以，你在与不同的异性同事开玩笑时，一定要学会察言观色，倘若对方没笑，甚至不高兴，就要及时打住自己的话，以免造成不必要的误会。

除了幽默，利用自己性别上的优势去帮助异性同事，也能使双方合作愉快。比如男性较有主见，也能承受艰苦劳累的工作，可以更理性地分析并解决问题等等；而女性则比较有耐心，做事细心有条理等等。所以，男女同事一起工作时，男性应该主动分担一些女人们感觉吃力的差事，而女性则要多做些需要细心的工作，对于促进同事关系也大有裨益，大家不妨一试。

第6章

幽默给点力，生活可以如此有趣

我们每天都在过一样的生活，做一成不变的事情：工作、睡觉、吃饭，日复一日，年复一年，品味起来就像是一杯放置了很久的白开水，让人难以下咽。

其实，生活原本不该如此。虽然它的实质内容仍旧是工作、睡觉、吃饭，脱离不开那些锅碗瓢勺的日常琐事，可只要我们善于用幽默调剂，就会发现这些日常琐事竟然也能变得如此有趣！

这一章，我们就来学习运用幽默驾驭生活的能力，无论身处顺境还是逆境，无论是被爱，还是被爱情拒之门外，无论你的日子有多么的琐碎平淡，只要抱着乐观的生活态度，去发现幽默，发现幸福，自然会使生活换成另外一副模样。拥有了这种幽默的能力，我们就能用心灵的眼睛在日常琐事中发现幸福，发现美。

1. 苦难造就了乐观的精神

2008 年汶川大地震。幸存者被国外救援队救出后，有记者采访问他感觉如何。这位幸存者想了半天，不无幽默地说道："这王八蛋的地震凶噢，老子被挖出来后，看到都是外国人，还以为把老子震到国外去了！"

面对如此可怕的灾难，灾民不怨天不怨地，竟然诙谐幽默地开起了玩笑。因为他们知道，巨大的灾难已经发生了，用乐观幽默的态度去面对灾难，灾难听起来就不会那么苦涩了。就如作家刘震云所说："用苦难来化解苦难是化解不了的，那苦难会变成一块铁，但你换一种幽默的态度，可能这个苦难就变成了一块冰，冰掉在幽默的水里，很快就化掉了。"

这种幽默，就是一种乐观的力量。

面对苦难，自怨自艾，只能让你更觉苦涩。倒不如化悲伤为喜悦，化尴尬为微笑，哪怕是面对死亡也勇敢地幽死神一默。有了这种旷达的胸怀，再大的苦难也不能击垮你，反而会成为你口中的笑料。

作家赵树理：这个时候，还有谁敢冒名顶替我呢

“文革”期间，作家赵树理被错划为右派，身心遭到残酷迫害。一次，赵树理被押往批斗大会，会场上被众人殴打，受了伤。批斗会结束后，赵树理只得拖着伤痛的身子去医院治疗。

医生见到来人自称为大名鼎鼎的作家赵树理，有些将信将疑：“你真是那个著名作家赵树理？”

“这个时候，还有谁敢冒名顶替我呢？！”赵树理大笑着回答道。

赵树理在“文革”期间受尽迫害，最终没能等到平反，于 1970 年 9 月 23 日含冤去世。但是，他那种积极乐观的心态，却深深地影响了后人。

如果你在生活中也遭遇了难堪，自尊心受到严重伤害，甚至让你感觉下不了台，不要让自己陷入苦恼、悲观的陷阱里，不如勇敢地站起来，幽默地自我解嘲一下。这不仅能帮你摆脱难堪的局面，还能恰到好处地展示你的才智和应变能力。

古希腊寓言家伊索：我讲的可全是实话，我确实不知道会进监狱

在古希腊，奴隶是没有人格、权利的，常常受到无理迫害。著名的寓言家伊索，就曾经是个奴隶。

一次，伊索进城办事，一位法官见他是奴隶，便蛮横地拦住他，盘问他要去哪儿。

“不知道。”伊索回答道。

这个回答让法官疑心大发，不由伊索分辩，就下令把他关进监狱。

伊索乖乖地进了监狱，不过在法官临走前，他幽默地为自己辩护道：“法官先生，我讲的可全是实话，我确实不知道会进监狱呀！”

法官听后笑了起来，释放了伊索。

对于一个奴隶来说，被投进监狱可谓是天大的灾难，天知道他什么时候会被释放，会不会被无故地处死呢？可是，伊索在困境中仍能保持乐观的精神，发掘着生活中可幽默的一切素材，甚至因为幽默得到了法官的谅解，最终被释放。后来，由于伊索的聪慧过人、幽默风趣，他的主人亲自赐予他自由，他才得以创作出流传甚广的《伊索寓言》。《伊索寓言》充满了对生活的思索和乐观的精神，是人类智慧的宝贵遗产，伊索告诉我们，只要保持乐观的心态，适时适地地发现幽默、运用幽默，就能对那些不尽如人意的事泰然处之。

中国有句古话，叫做黄连树下弹琴——苦中作乐。这句话并不是很经得起推敲的，如果你陷于痛苦，弹琴奏乐只可能使你陶醉于音乐之美而忘却痛苦，但却不可能直接产生快乐。为了摆脱困境而借助于音乐，是并不那么可靠的。相比起来，借助于幽默，要可靠得多。

但是，当你处于窘境，心情郁闷痛苦，你又怎能幽默得起来呢？尤其当你遭受来自外部的攻击时，大多数人的心智都集中在反击上，恐怕根本想不到要用幽默解围。殊不知，越是在失败的关头，在痛苦之中，你就越要懂得幽默。当然，要人在痛苦中调动智慧和情感的能量，保持精致、幽默的谈吐，的确有些困难。但这并不是无法做到的，身处困境还能幽默的，还是大有人在，只要你掌握如下方法，苦中作乐也并非没有可能。

当你身处逆境时，首先要让自己从迫在眉睫的外部侵犯和内心的自卫冲动中解脱出来。然后，静下心来，从积极的至少是非消极的角度，对眼前的灾难和考验做出性质截然不同的评论。如果这一评论完全与事实不挂钩，不成其为幽默，要想幽默还得使这种评论在形式上与事实创建某种天衣无缝的巧合。这一评论本身，就是一种极佳的幽默。

譬如，你的椅子坏了，不能搬移，可生活拮据不能添置新椅子，便用绳子捆一下，还在椅背上贴了个字条，上书："结绳而治"。"结绳而治"本来指上古无文字之时，人们用绳子打结以帮助记忆，和你用绳子捆绑椅子完全是两码事。但是，把这个看似有关联，实质内容相去甚远的事连接在一起，反而产生了极大的幽默效果，更有非常好的自我解嘲的作用。这种解嘲对于你最终战胜苦难，大有裨益。

2. 冷幽默不冷，反而能够暖人心脾

冷幽默是一种意图不甚明显的幽默，它带有一点黑色幽默的成分，但又区别于黑色幽默。它名虽曰“冷”，但实际听来却常常暖人心脾，它是一种淡淡的、在不经意间自然流露的幽默，听起来或让人发愣，或让人不解，但深思之后，你就会大笑并顿悟，其微妙的感觉，绕梁三日而不绝。

要想幽默达到“冷暖相宜”的效果，幽默内容要积极，表达方式要尽量含蓄、委婉，同时注意不能刻意追求某一种特定的幽默效果，应该使幽默看似不经意地随意出口。这样的幽默，虽冷却暖人心。

美国当代作家艾克·巴·辛格：我吃素食，纯粹是为了牛和鸡的健康

辛格是 1978 年诺贝尔文学奖得主，一直倡导人类吃素。一次，几名大学生问辛格：“请问，您提倡素食是否由于健康上的原因呢？”

辛格淡淡一笑，随即开口道：“我吃素食，纯粹是为了牛和鸡的健康。”

辛格吃素，当然不仅仅只是为了自身的健康，他认为吃肉是对动物的一种杀戮行为。他说，大家总是拿“人类自古就吃肉”来当作继续吃荤的借口，如果照这个逻辑来推论，那么我们是不是也不应该阻止人类互相残

杀的行为？因为自古以来人类便一直这么做。但是，这一回答听来毕竟太显沉重，他不想一遍遍地重复，便想出了以上这个绝妙的回答。这样的回答听起来是笑话，但细细回味却又引人深思、暖人心脾。

美国喜剧女演员卡罗尔·伯内特：是不是我还得再给您付点儿车费

一次，伯内特乘出租车外出。到达目的地后，她优雅地下车，却不小心把大衣后摆挂在车门上了。司机没有发现，猛地一踩油门，把伯内特拽了好几个趔趄。

这可把司机吓坏了，他连忙停车，下车，站在伯内特跟前不停地道歉："实在对不起，对不起！"

"先生，"伯内特小心翼翼地问，"是不是我还得再给您付点儿车费？"

司机粗心大意，误把伯内特拽出好几步，他在道歉的时候心里一定是内疚和不安；可伯内特见自己并无大碍，就用幽默的话语大度地原谅了对方。她的幽默非常巧妙，听起来有些冷，内里却暖得像团火，拐弯抹角地表现出她幽默的气质和豁达的胸襟，不仅使对方紧张的心情有所释然，同时更赢得了对方的敬重。

某保险公司职员：性命要紧，但你最好捡便宜的东西撞

有一位保险公司职员，他省吃俭用了好几年，好不容易买了一辆小汽车。一次，他教太太开车，车下坡时，刹车突然失灵。太太吓坏了尖叫着："我停不下来！我该怎么办？"

"祈祷吧，亲爱的，"保险公司职员也大叫，"性命要紧，不过你最好找便宜的东西撞！"

幸运的是，他们的车子撞在了一个垃圾箱上，把车头撞坏了，人并未受伤。这时，夫妻俩忽然想起刚刚的谈话，哈哈大笑起来。

生死关头，这位保险员老公没和老婆说什么"我爱你"，反倒叫老婆开

着车子，“尽量找便宜东西撞”。这话听起来无情，似乎人命还不及车子重要，但就是这看似无情的话语，蕴藏着极大的幽默智慧。

冷幽默不同于那些贴心的话语，贴心话能暖人心，却没有出人意料的幽默感。而冷幽默，不仅要使内容贴心，更要注意使后半部分的言辞出乎所有人的意料之外。

举个例子，你乘坐公交车，由于车子在十字路口来了个急刹车，你又没抓牢把手，车子的惯性使得你一头冲倒在司机的旁边。这时，你要说什么来缓解自己的尴尬？主动安慰司机说“没关系”，还是狠狠地训斥司机一番？其实，这时最好的办法就是和司机来个冷幽默：“嗨，司机师傅，您叫我来这儿有什么事儿？”

听了这话，车厢里的人很可能会哈哈一笑，不仅缓解了你的尴尬和司机的不安，更幽默地展现了你的大度。

除了这种冷幽默，生活中还有一种内容奇怪，但实用意义不大的冷幽默。这种幽默听起来冷，虽会令人发笑，但内容回味起来仍旧是冷的。譬如有这样一个冷幽默：一头公鹿在公路上跑着，跑着跑着就成了高速（公路）公鹿。

这类冷幽默第一次听或许还会发笑，但听得越多就会越觉不出好笑。因为对方在听时，会给自己一个心理暗示，即这个笑话将会出现一个极其无聊，极其不好笑的“后半部分”。这时，他不会再对这个话题产生好奇心，同时也不会把注意力集中在这个笑话上面，所以这样的冷笑话听多了，不仅不好笑、不温暖，反而会让人觉得你很无聊、无所事事。

所以，冷幽默不能太冷，应该在冷中蕴涵着暖意，这样的冷幽默才能打动人心。

3. 幽默示爱，帮你俘获芳心

生活中，常见一些年轻人相貌堂堂，举止文雅，有房有车，却每每情场失意。他的问题，主要就出在嘴巴上。他们或者寡言少语，呆板木讷，或者饶舌不停，却没一句是机智幽默，说在点子上的。和这样的人相处，很容易话不投机，让人感觉索然无味。

相反，富有幽默感的人在谈情说爱方面，就更容易取得成功。日本幽默家秋田实就认为，幽默是爱情的催化剂。如果你能在言辞上花一些工夫，使谈吐幽默风趣，制造出活泼温馨的交际氛围，对方在不知不觉中就会对你产生好感，并芳心暗许。

看来，爱就是从幽默开始的。

表达爱意有很多种方法，最妥当、最安全的方法，就是把爱意包裹在幽默的言谈中，让对方自己去领悟。用这样一种方式求爱，常常会让对方忍俊不禁。心花怒放之余，自然欣欣然接受你的爱慕。

冯玉祥将军之妻李德全：上帝怕你做坏事，派我来监督你

冯玉祥将军想娶一位夫人。得知消息后，很多名门闺秀、摩登女郎前来“应聘”。对于表达爱意者，冯将军都会问一个问题，即“你为什么要嫁给我？”对此，女人们的回答五花八门，但都表现出追求名利，爱慕虚荣之意，根本无法打动冯玉祥的心。

这时李德全出现了，她气质不凡，对这个问题的回答也石破天惊，让人吓一大跳：“上帝怕你做坏事，派我来监督你！”

李德全的机智俏皮和风趣立即征服了冯玉祥，很快二人便定下了终身。

从李德全的答案来看，她应该是个不俗且有高格调的女人，否则怎能说出这种举重若轻、幽默风趣，又如此带有穿透力的话？为了追求婚姻幸福，她以睿智聪敏、俏皮风趣的语言表达出嫁给冯玉祥将军的愿望与动机，“上帝怕你做坏事，派我来监督你！”就是这短短一句话，让她立即俘获了冯玉祥将军，成功获取了自己的幸福。看来，幸福垂青于有幽默感的人，一个能给人带来欢声笑语的人，不正是终身伴侣的最佳人选吗？

著名作家梁实秋：我这是自讨苦吃

梁实秋暮年客居台湾时，爱上了一位比他年轻很多的韩小姐。他本想表白，但怕对方嫌弃自己，迟迟不敢开口。

一天，两人相约在餐厅用餐，梁实秋故意点了道“当归蒸鳗鱼”。韩小姐听罢关切地提醒：“当心，当归味苦。”梁实秋听罢一笑，自嘲式地说：“我这是自讨苦吃呢！”

听了这话，韩小姐立即明白了梁实秋的心意，连忙回应说：“那我就是这鳗鱼，自投罗网！”

两人心有灵犀，刹那间都明白了对方的心意。

梁实秋的求爱幽默又有分寸，他通过一个双关语“当归味苦”，表明自己正苦苦暗恋着韩小姐，而韩小姐心有灵犀，便借机把自己比作鳗鱼，告知对方自己甘愿“自投罗网”。这一来一回，充满了文学气息，更让两个人在幽默的示爱中情定终身。为了使运用更加自如，你在仿效时可以缩减它的文学成分，着重于内容上的贴切幽默。只要能让对方笑着了解你的心意，并开心地接受，你就成功地达到了目的。

马克思：我这里有一张她的照片，你想看看吗

马克思与燕妮相识已久，但从未互相表白心迹。一天，马克思决心向燕妮求爱，便对燕妮说："燕妮，我想告诉你，我爱上了一个人，准备向她求爱。"

燕妮似乎隐约猜到他的真正意图，但还是配合着问："这人是谁？"

"我这里有一张她的照片，你想看看吗？"马克思说完，递给燕妮一个小方盒。接过小方盒的一瞬间，燕妮的心仿佛跌入了谷底一般：难道他爱的不是我？否则怎会拿心慕女人的照片给我看？可待燕妮颤抖着打开盒子，却发现里面有一面镜子，上面刚好清晰地映照出她的面容，心里的一块石头这才落了地。

最终，燕妮幸福地接受了马克思的求爱。

马克思所用的这种幽默求爱方式很值得仿效，成本很低，只需要一面镜子就可以了。当她（他）看到镜子里的自己时，你赶紧趁机表白心意："一个世纪前，伟大导师马克思曾用这面镜子向心爱的燕妮求爱，今天，我效仿马克思做同样的事情，希望能够像他一样收获同样的幸福。如果你愿意，让我们一起像马克思和燕妮那样，恩恩爱爱，白头偕老吧！"

这一求爱既幽默，又浪漫，很容易讨得对方欢心。

追求爱情，单靠苦苦追寻、死缠烂打还不行。这样只会让对方心生反感，甚至会像躲瘟疫一般躲着你。无论你的内心有多真诚，感情有多热烈，都无法赢得对方的芳心。要知道，爱情应该是心与心的交流，是情与情的互换，不是仅仅有爱就可以，更需要你机智幽默的表达，让对方欣然地接受你的爱意。

要对方接受你的爱，首先就要让对方对你产生好感，运用幽默就可给对方留下良好的第一印象。如果你对对方没把握，可以试探性地问："我的体重是 60 公斤，对你的爱也是 60 公斤，你觉得我再胖点儿好，还是瘦点儿好？"这是个很有趣的问题，不仅机智巧妙，而且无论她怎么回答，你都不至于太失面子。

如果对方特别喜欢小孩子，你也可以幽默地拿小孩子做文章。某天对方心情好时，你可以故作镇定地问对方："我有一个非常聪明非常漂亮非常可爱的孩子，你能不能做她的妈妈（爸爸）呢？如果你不愿意的话，我那么优秀的孩子连出世的可能都没有了！"

这样的求爱幽默风趣，含蓄委婉，与如此浪漫的爱人在一起，谁能忍心拒绝呢？

当然，幽默的求爱是很重要，但是能否成功，与你们日常感情的培养有很大关系。感情毕竟是要慢慢培养起来的，当感情发展不可抑制时，利用幽默技巧向对方求爱可以事半功倍，如果你们的感情还未发展到这一步，你太操之过急，恐怕会把对方吓跑的。

4. 幽默地拒绝示爱，给对方留足情面

歌德曾有一句名言："哪个青年男子不善钟情，哪个妙龄女郎不善怀春？"

的确，男男女女在一起，就不免暗生情愫。而在恋爱伊始，总需要有一方首先示爱，如果两相情愿，那当然皆大欢喜；如果不爱对方，那就巧妙地拒绝，尽量不要伤及对方的自尊，给对方留些情面。

有这样一个拒绝片段：

男孩很喜欢女孩，一直都紧追不舍。可是，女孩对男孩很不感冒，便冷冰冰地对男孩说："你到底喜欢我什么，我改还不行吗？"就像骂人的最高境界是不带脏字一样，拒绝告白的狠手段也不过如此。这虽然会让对方立即明白你的心意，但未免有些太过残忍，倘若惹得对方因爱生恨，那后果可就麻烦了。

所以，拒绝求爱的言辞一定要谨慎小心，切勿让人觉得看不起对方，应该尽量机智幽默地表明心意。能够得到别人的爱是你的魅力，能够巧妙地拒绝别人也是你的一种魅力。

人有爱的权利，自然也有不爱的权利。但是，作为被追求的一方，我们拒绝对方的言辞一定要委婉恰当，如果言辞过激，不仅会伤人自尊，还

可能让对方因爱生恨。如果言辞过于隐晦，又容易让对方心存幻想，继续与你进行无谓的纠缠。所以，把握恰当的拒绝技巧十分必要。

美国巨星迈克尔·杰克逊：像个孩子一样咯咯地笑

一次，杰克逊与麦当娜共同出席奥斯卡颁奖典礼。那一晚的杰克逊帅气迷人，让麦当娜难以自持。麦当娜后来在《自传》中称，典礼结束后她曾企图勾引迈克尔·杰克逊，没想到，每当她靠近杰克逊，稍稍进行肌肤接触时，杰克逊就咯咯咯咯地笑，活像个单纯的小孩子，笑起来没完没了。麦当娜看着笑个不停的杰克逊，只得作罢。

杰克逊非常绅士，他知道断然拒绝女性求爱，会给她带来心理伤害。于是，他什么都不说，只用笑声来表示“我们之间擦不出火花”“我自己对此也无可奈何”的意愿。这样的拒绝方法，不仅化解了对方的尴尬，又不至于让麦当娜心里难过。这次求爱遭拒，并没有让两个人关系变坏，那以后他们反倒成了好朋友。如果你也遭遇过类似暗示，也可以像杰克逊一样咯咯地笑。擦不出火花，是两个人之间没有化学反应，与人的好坏无关，自然就可以避免开罪对方。

医院护士小张：我男友感冒了，吃什么药比较合适?

小张长得漂亮又机灵，大家都很喜欢她，尤其是办公室里的一位男医生，常常对小张献殷勤。一天下班，男医生对小张说：“小张，一同去吃饭好吗？我有一件很重要的事想跟你说。”小张立刻就明白了“重要”的含义。于是她笑着说：“好哇，我也正好有事情要你帮忙呢。”

男医生高兴极了，放松了心情说：“行，只要是帮你的忙，我一定两肋插刀。”

小张又笑了：“没那么严重，是我男友最近感冒了，您觉得他吃什么药比较合适？”

这是一种防患于未然的幽默拒绝法。如果你不喜欢对方，在对方正式对你表白之前，一定要提前表明心意，避免暧昧，让对方误解。这样一来，对方会主动放弃对你的追求，大家也不会尴尬，做不了情人还可以做朋友，至少可以成为相安无事的同事。否则同在一个屋檐下，日日相处难免尴尬。

古罗马帝国女数学家希帕蒂娅：我已经献身真理了

希帕蒂娅长得非常漂亮，常有英俊少年、贵族子弟向她示爱，频频向她展开爱情攻势。望着桌前一堆堆的求爱信，希帕蒂娅十分头疼，她对爱情抱着慎重和严肃的态度，当然不会轻易答应别人的求爱。

于是，她拒绝了所有的求爱者，她的拒绝理由也只有一个："我已经献身真理了。"

对于不满意的求爱者，你当然要坚决地推辞掉。但是，辞爱的语言要恰当，要委婉幽默，既要把自己的意思表达清楚，让对方没有心存幻想的余地，又不能太不近人情。如今看来，希帕蒂娅的"已经献身真理"有太明显的借口意味，你可以适当变通为"我理想中的伴侣是离异带孩子的男士""我梦寐以求的妻子个头要低于155厘米"等等。这一借口不损害对方自尊心，既保全了他人的面子，又表明了自己的心迹，实在是美妙得体、委婉含蓄。

拒绝示爱的确不是一件简单的事。你不仅要用一句话把意思表达清楚，还要尽量给对方留面子，让对方感受到你的真诚。

举个例子，有男士在公司联欢会或朋友 Party 上对你示爱，众目睽睽之下，你该如何拒绝他，才能既保全他的面子，又不拖泥带水？告诉他三天后听信，然后私下拒绝他？这可不行，大家出于好奇会纷纷打听结局，弄得他更没面子。所以，你一定要当场拒绝，当然要注意语言技巧。比如，你假装大大咧咧地质问他："你也太不厚道了，我是剩女怎么着了，怎么大家都爱拿这事儿寻我开心？今儿我干脆就告诉大家好了，我是非吴彦祖不嫁了，以后谁再开我玩笑，我就和谁急！”

这一谈话中隐藏了一定的自嘲、自我贬低，虽然你拒绝了对方，但并没有摆出高高在上的姿态，反而将被拒绝的示爱者推到了一个较高的位置，让他有苦也说不出。而且，通过语言技巧，你拒绝的对象已经由示爱者悄悄转移为“大家”，也免得对方过分难堪。他只消微微一笑，说句“连这玩笑都被你看穿了”，就可以消解所有尴尬，一点儿都不会伤及对方自尊。

如果是私下示爱，不论你如何讨厌对方，都要很有礼貌地先说声“谢谢”，然后再婉转地拒绝对方。即便对方紧追不舍，像癞皮狗一样缠在你身边，你也要时刻表明态度，言辞必须真诚、友善、婉转，使对方容易接受，千万避免任何挖苦、辱骂。譬如，略带诙谐地对他说：“谢谢你，请你不要因此不开心，我会永远欣赏你的好眼光的！”这样的回答，会让对方在笑声中明白你的真实心意，更会感受到你带来的温暖。

最后还有一点需要大家注意，拒绝他人求爱后，我们要注意为对方保密，尤其是同学、同事之间，以免让对方尴尬，不好做人。当年，著名数学家陈景润拒绝了众多的姑娘求爱后，便将她们的求爱情书烧毁，他说：“这些姑娘以后还要恋爱、结婚，我一定为她们保密，扩散出去会对她们有影响。”

毕竟，求爱是求爱者美好感情的流露，即便我们必须拒绝，也要理解求爱者的心意，尊重对方的感情。

5.“被分手”也别怕，幽默应对不失态

失恋对人造成的创伤很严重。生活中，有不少人在失恋后表现出极端行为，甚至会有人为失恋选择轻生，听来让人不寒而栗。

我们得承认，失恋的确让人很痛苦，尤其在自己不想分手，而对方坚决提出分手时，就更不容易回头。这种“被分手”的失恋给人的感觉就像嘴里长了溃疡，越痛越要去舔，越舔却又越痛。但是，无论怎样你必须记住一点，失恋可以痛苦，可以难受，但自己千万不能失态。我们可以失去对方，但不能因此而在对方面前丢丑。或许，被甩的一刹那让你觉得尴尬、觉得落魄，内心更是痛得万箭穿心，但无论如何，都请你保持姿态。失意落魄不怕，被甩、被背叛也不怕，怕就怕你在对方面前失了尊严、失了面子，让对方暗自庆幸，认为离开你是个正确的决定。

所以，“被分手”时请笑一笑吧，大大方方地和他（她）开个玩笑，甭管你是真心还是假意，都送上一句“祝福”，好聚好散，至少给彼此留下个美好的回忆。

无论你承认与否，“被分手”已经让你在二人关系中处于下风了。这时，你必须顾及自己的颜面，别痛哭流涕，别跪在地上哀声挽留，还不如微笑

着幽他一默。要知道，你已经失去了爱情，就请努力保全你的尊严，别让自己输得一败涂地。

女董事长 Kimiko：如果您愿意，也可将您调转朋友部门

与女强人相处常常让男人抵触，Kimiko 的男友便是如此。他和 Kimiko 相恋仅仅半年，就爱上了另外一个小女生。为了给 Kimiko 留些颜面，他模仿辞职信的样式，给 Kimiko 写了封分手信，请辞“情人一职”。Kimiko 见信非常难过，但男友原本是她的属下，她不想因此失态，便写了这样一封回信：

您好：

关于您请辞的提议，经过董事会开会讨论，以下决议事项向您说明：因您当初面试时的职务为情人，标准要求自然很高。虽然试用期间你的表现不好差点被开除，但念在你苦苦哀求且信誓旦旦地说明你可以改进与胜任，才予以留任。如今您自愿请辞，董事会当然应允，但自动离职是没有遣散费的。如果您愿意，即刻将您调转朋友部门，另施重用。

董事会成员代 敬上

Kimiko 是公司女董事，而男友偏偏是其下属，倘若在分手一事上做出失态举动，日后很难在公司树立领导威严。于是，她也用回复职员辞职信的方式，给男友写信回复，并大度地表示仍旧可以做朋友，以此减轻对方的心理压力。如此有度量地对待分手，实属难得。当然，这种分手幽默不是每个女孩子都施展得出来的，但直接拿来效仿也未尝不可。即使你无法表现出 Kimiko 的霸气、豪气，至少让对方知道你拥有一颗努力坚强的心。

一位美国士兵：请自行选取出你的相片，其余寄回

二次大战期间，许多美国士兵离乡背井，投入欧洲战场，与恋人之间也只能借书信传情。

一天，一位美国大兵接到家乡女友的来信，欣喜地拆开展读后，脸上的笑容顿时僵住了。原来，女友在信中说，她已经爱上了别人，必须和他结束恋人关系，并请他把以前寄给他的相片寄还，以免日后徒生困扰。

美国大兵十分恼怒，但不想因此失去尊严，便四处向随军护士及女性军官索取相片。他将得来的十多张相片寄回给女友，并附了一张短笺："这些都是我女友的相片，我忘了哪张是你的。请自行选出你的相片，其余寄回。"

被抛弃，总是一件让人难以接受的事情，很多人被分手后都想通过各种方式报复对方一下。我们当然不推崇报复，但若被对方欺负得太惨，适当整治一下"负心人"也未尝不可。这位美国大兵的"报复"方法就很得当，包裹了幽默的外衣，足以令他已变心的女友有啼笑皆非的惊愕反应。如果你也有类似遭遇，就给对方来个小小的恶作剧吧，既可以化解你的难堪，又可以成功地让对方尴尬，真可谓是一箭双雕。

人在失恋后的幽默反应主要有两种。首先一种，就是宽宏大度式的幽默，就如那位很有决断力的女董事 Kimiko，她能把"被甩"这件事看得像公司日常事务一般，脑袋仍能冷静地保持正常运转，做出最恰当的反应，以寻求利益的最大化。当然，这很考验你的理性程度，如果你不够冷静，头脑运转又有些滞后，也可以尝试以自嘲为自己解决问题。

除了这种宽宏大量式的幽默，就是略带报复意味的小幽默了，譬如那位美国大兵的恶作剧，分手也要让对方知道点厉害。相比较而言，创造后一种幽默比较容易，因为气场氛围更加贴近。只要你曾经认真投入到一段感情当中，分手后心痛到极致时，脑子里很容易蹦出报复的想法："我那么好欺负？我一定要给你点儿颜色瞧瞧！"在这种情绪的控制下，创造"恶作剧式"幽默的机率明显增多。

举个例子，男友（女友）爱上了别人，提出和你分手。你有意挽留，竟然被断然拒绝，一点儿情面都不留。这时，你倒不妨找个借口约他（她）出来见个面，然后大大方方地递给他（她）一本包装精美的礼物，微笑着祝他（她）幸福，然后潇洒地转身离开。

切记，要对方在你离开后打开礼物，因为那礼物是一本名为《同性恋的自我检测》的书籍。如果你觉得这个书名有些过火，也可以买本《坚决地和小三说"NO"》《男人不该劈腿的N个理由》等等。总之，书的名字要有些讽刺意味。如果买不到称心如意的书，那就随便找本书，在封面贴张白纸，自己写个大大的极具讽刺的书名。总之，你要叫对方在看到书名的一刹那，露出惊愕且负疚的表情。

当然，这类幽默的恶作剧一定要把握分寸，如果幽默过火变成人身攻击，可就让你失了水准。人要想活得快乐、活得洒脱，就要懂得放下一些已经不属于自己的东西。著名影星英格丽·褒曼在谈及"幸福的秘史"时，就不无幽默地说："幸福就是健康加上坏记性。"每个人都难免有失恋的经历，一直沉溺其中岂不太累。倒不如让自己宽容一点儿、豁达一点儿、健忘一点儿，或许下一段幸福很快就会到来。

6. 防止婚姻老化，幽默交流必不可少

台湾著名作家戴志晨先生说：“婚姻是人世间‘老化’最快的一种关系。”这话说得很有道理，从夫妻对彼此的称呼就看得出，结婚时明明还叫新郎、新娘，可一夕之间就变成了老公、老婆。

不过，名称怎么“老”都无所谓，怕就怕老化的不仅仅是名称，而是爱情本身。

中国传统观念提倡夫妻相敬如宾、客客气气。互相敬重当然是好的，但如果两个人关系太过规矩、死板，生活得久了，婚姻生活就会味同嚼蜡，爱情恐怕也会老化得更快。对此，戴志晨先生开出的处方就是“幽默”。他说：“懂得夫妻幽默之道的人，可以防止婚姻老化，使双方永远做英俊的新郎和漂亮的新娘。”

幽默在婚姻中的作用不可低估，它常常能激起感情上的浪花，让婚姻生活更加和谐美满，每一天都像是蜜月一般甜蜜幸福。

作家胡适："惧内俱乐部"，提倡男人对太太要"三从四得"

胡适和老婆江冬秀是包办婚姻，老婆一个大字不识，是人人皆知的"悍妇"，但夫妻二人关系还算和谐。

一次，有人问胡适是如何与太太相处的，胡适想了想说："我知道有个'惧内俱乐部'，提倡男人对太太要奉行'三从''四得（德）'的原则。所谓'三从'，是太太出门要跟从，太太命令要服从，太太错了要盲从。所谓'四得（德）'，是太太化妆要等得，太太生日要记得，太太打骂要忍得，太太花钱要舍得。"

问者听了哈哈大笑，为胡适的幽默钦佩不已。

胡适是个婚恋专家，对于调试夫妻关系十分拿手，常常说些幽默讨巧的话，把老婆哄得高高兴兴，虽然是包办婚姻，但几十年的婚姻也是一团和气。要知道，家庭的温情主要是在语言交流中获得的，如果夫妻双方都惜字如金，交流不当，即便开口也都是一些唠唠叨叨的废话，这样的婚姻生活一定让人大失所望。只要平时多说些讨喜的话，对另一半多些赞赏，多些耐心，婚姻生活就能越来越甜蜜。

美国陆军四星上将巴顿：司令部与新兵培训中心

巴顿将军是二战中最骁勇的上将之一，由于职业和性格的关系，他对家庭的管理也是准军事模式的。譬如，儿子的卧室被挂上"男兵宿舍"的牌子，女儿的卧室则挂有"女兵宿舍"的牌子，厨房改叫"食堂"，客厅改叫"会议室"。对于巴顿的举动，妻子很有些不满，毕竟家庭应该是个充满情趣的地方，他对巴顿将军提出了意见。于是，巴顿将军在夫妻卧室门上挂了这样一块牌子—新兵培训中心！

按照巴顿将军的思维逻辑，夫妻卧室应该挂上"司令部"的牌子。

但是，这种刻板、军事气息浓厚的牌子不讨妻子欢心，他便突发奇想，改叫“新兵培训中心”。这个带有甜蜜暗示的小幽默，看起来让人感觉亲切、温和，富有人情味，很容易打动妻子的芳心。这种幽默素材生活中处处可见，只要你能认真观察并加以运用，就可以让婚姻生活更加幸福、甜蜜。

由于男女个性差别不同，要想尝试婚姻小幽默，还需要从不同角度入手。

生活中，缺乏幽默感的妻子，往往喜欢唠叨，说话有口无心，沉醉于自我宣泄之中，全然不顾自己说了些什么，说得是否巧妙，也不顾老公会有什么反应等等。如果你就是这样的妻子，首先要注意改变自己的说话习惯，增加文化修养，平时多翻翻幽默的书报杂志，多学习、多模仿，久而久之就能培养出自己的幽默技巧。

比如，老公下班回家后一直坐在电脑前赶一个方案总结，竟然连饭都不肯吃，自称是要减肥。这时，你可别生拉硬拽，不如笑呵呵地对他说：“结婚几年来，我所有的投资几乎都贬值了，你是我唯一增值的东西，你若减肥了，我就没有一点儿成就感了。所以老公，你还是快来吃饭吧！”

听了这话，再急的工作他也会先放在一边，乖乖地陪着你吃饭了。日常一餐饭，不仅能让老公紧张的情绪暂时得以缓解，还能趁机沟通夫妻感情，让他知道你有多么爱他。

和女人相比，男人缺乏幽默感的原因很多，少数是因为个性孤僻，大多数都是因为工作压力大，久而久之就丧失了生活情趣。其实，多和妻子进行幽默互动，不仅可以调适婚姻生活，还能帮助你减轻工作压力。

打个比方，公司老板要求你加班，晚上你又得挑灯夜战。你得打个电话通知老婆，告诉她晚上不能回家吃饭了。你是垂头丧气，连声咒骂着告知老婆这一消息，还是幽默逗趣地趁机甜言蜜语一下？当然是后者更佳，你可以嬉笑着对老婆说："喂，请问是女超人吗？无敌铁金刚向您请假，他今天不能回花果山吃斋桃啦！"

这样一个小小的幽默，让妻子听起来温馨甜蜜，也给挑灯夜战的你增添了几许奋斗的动力。

7. 用幽默话术化解“家庭内战”

很多人认为，幽默是对外的，是社交场合不可缺少的因素，对自己人没必要幽默。可实际上，家庭就是一个小社会，夫妻之间也需要包括幽默在内的各种调剂；不然，家庭的活力就会衰减。否则，你的婚姻就会像钱钟书所说的围城，“外面的人想进去，里面的人想出来”。

有这样一个幽默故事：

一天，男人和妻子大吵了一架，两个人怒目相对，谁也不让谁。吵到最后，男人难以承受只得逃出家门，投宿旅店。服务员为他开了房间，并说：“我们这里服务周到，会有一种家的感觉。”男人听了，大声喊道：“天哪，快给我换个房间吧！”

这个故事实实在在地说出了许多已婚人士的心里话。要知道，家庭应该是温馨的港湾，夫妻之间的交流应该是轻松愉快、推心置腹的。所以，不要像召开公司会议一样，对待伴侣太过死板、严肃，应该学着让自己的言谈幽默风趣一点儿，这能让你的家庭生活变得可爱，使你们彼此充分享受家庭之爱带来的幸福。

家庭是一个很好诱发幽默的环境，因为家庭中充满了善意和爱，尤其是夫妻之间，只要一方能针对矛盾的具体情况，采取相应的沟通方式，巧用言语，就可以尽快打破僵局，让家庭生活恢复往日的欢乐与和谐。

德国作曲家勃拉姆斯：有天使的地方不该没有祥云

一次，勃拉姆斯参加一个晚会。晚会上，几个女人一直围绕在勃拉姆斯身边，可勃拉姆斯的烟瘾上来了，忍不住想要赶紧抽上一口。忍无可忍时，他便点燃一支粗大的雪茄吸了起来，呛得女人们忍不住咳嗽起来。

“勃拉姆斯先生，您真是太离谱了，您不该在女人面前抽烟！”一个女人生气地说。

“不，我想，有天使的地方不该没有祥云！”勃拉姆斯微笑着回答。

这并不是一个发生在夫妻之间的故事，但它却很好地告诉我们，在男人与女人之间出现矛盾时，一个小小的幽默就能使关系缓和。勃拉姆斯的这个小幽默，就及时化解了女士们心中的不悦，使交流得以继续进行下去。

要知道，男女在思维上有很大的不同，婚姻生活免不了磕磕绊绊，在稍微出现火药味儿的时候，如果运用幽默的话语巧妙妥当地加以化解，也许一场家庭大战就能避免了。

古希腊哲学家苏格拉底：雷鸣之后免不了一场大雨

苏格拉底的妻子是一个著名的悍妇，常常对丈夫破口大骂。一次，她对苏格拉底大发雷霆，紧接着就又当头泼了他一盆冷水。苏格拉底并不生气，反而微笑着说：“我早知道，雷鸣之后免不了一场大雨。”

这话一出，他的“悍妇”妻子也不禁笑了起来，一场冲突化为玩笑。

苏格拉底的高明，在于他不把妻子的凶悍看得那么可怕，对此更是习以为常。所以，当妻子朝他发怒时，他不以恶言还击，反而以幽默乐观的心态去化解。妻子大发雷霆，当头泼冷水，他便采用两个比喻，巧妙地进行自嘲，不仅化解了自己的窘境，也逗笑了妻子。

生活中，很多夫妻好面子，一点儿委屈都不肯受，使得一点儿鸡毛蒜皮的小事都能成为引发家庭大战的导火索。其实，夫妻间应该互相礼让，幽默地应对某些尴尬的事件，这是家庭和谐的至上法宝。

美国第16任总统林肯：用两个弯曲的手指代表双膝向妻子道歉

一次宴会上，林肯和他的夫人面对面地坐着。林肯的一只手在桌上来回移动，两个手指头向着他夫人的方向弯曲。

旁人对此十分好奇，就问林肯夫人："请问，您丈夫为何这样若有所思地看着您？他那两个弯曲的手指到底有什么含义？"

林肯夫人听了哈哈一笑，随即回答道："那很明显。离家前我俩发生了小小的争吵，现在他正在向我承认那是他的过错，那两个弯曲的手指表示他正跪着向我道歉呢！"

在家庭当中，不仅言语可以表达幽默，用实际行动往往也能取得很好的效果。林肯想要向妻子道歉，但在大庭广众之下不方便直说，便用两个指头代表双膝向妻子道歉，妻子立即冰释前嫌。林肯贵为一国总统，能够如此幽默地向妻子道歉，实属难得。在中国，很多大男子主义的丈夫认为，这样奉承讨好妻子是不妥当的。其实，在家庭里女人往往是表面上的统治者，她们没有在事实上统治家庭。她们在表面所做的文章，也只是用来满足她们的统治欲和虚荣心的。所以，在婚姻生活中，丈夫应该理解妻子，幽默地配合妻子，这也是对妻子的一种宠爱。

婚姻中的幽默比较简单，内容可以尽量轻松、俏皮，让彼此分享生活中的乐趣，使夫妻关系更加和谐。尤其在双方即将擦枪走火的时候，语言只要尽量甜蜜一点儿，多一些赞美就可以轻松地化解僵持的局面。

举个例子，你在街上多看了漂亮异性一眼，老婆或者老公大人立即不悦："动心了？瞧我这满脸雀斑不顺眼是吧？"这时，你不妨笑嘻嘻地说："老婆（老公）大人你还不了解我嘛，我天生是个做会计的料，生来最爱和小数点打交道，对空白的白纸毫无兴趣！"

婚姻中的幽默可以不循章法，尺度也可以适当放开，只要能把握好对方的个性，别太过火就可以。通过这些小幽默，不仅可以化解随时可能爆发的"家庭内战"，还能用来进行善意的批评，使夫妻双方在轻松的氛围中备受启迪。

譬如，你的另一半批评你的菜做得不够好。这时别急着批评另一半，倒不如心平气和地对另一半说："要这么说，你真要多看看那些食品广告，那些广告看起来都是香喷喷的。"这个小幽默不仅表达了对另一半的爱，更含蓄地批评了对方：要知道，你认为好的东西都离你很远，只有我和你不离不弃，这才是最重要的。

婚姻中的幽默还可以适当带些"色"，带有些许"情色"味道的幽默对于缓和夫妻矛盾，有立竿见影的功效。譬如，老公和你闹别扭，一个人坐在沙发上生闷气。你主动问吃什么，老公竟然没好气地说"吃什么，吃你！"这时，你倒不妨闹一闹，故意在沙发前不停地来回小跑步，跑得浑身直冒热气。这时老公若问你来回跑什么，你就笑嘻嘻地回答说："你不是要吃我吗，我正在为你热菜呢！"

听了这话，生气的老公都会被你逗得哈哈大笑，自然得把你抱在怀里好好地"品尝"一番啦！

其实，婚姻中的幽默非常轻松，你只要用心爱着另一半，内心幸福甜蜜，语言自然就会变得风趣、诙谐，再大的矛盾也会化为乌有，让婚姻像蜜罐一样甜。

8. 自找乐子，琐碎生活处处有幽默

每天我们工作、睡觉、吃饭，做着这些一成不变的事情，品味起来就像是一杯放置了很久的白开水，难以下咽。而生活压力、工作压力却日渐加重，还有家庭生活中锅碗瓢盆等等琐事，要面对这一切，需要我们多一些承受平淡生活的勇气。

而幽默，可以给我们这种驾驭生活的能力，因为幽默是坚毅、冷静、智慧、能力的象征，只要你敢于在琐碎中适时地寻找幽默，自然就会找到生活的乐趣。

幽默能使人感到轻松愉快，而这又是提高人的大脑及整个神经系统的张力和充分发挥潜力的必要条件。有了这种精神状态，再琐碎复杂的生活都会变得丰富多彩、富有情趣。

美国前第一夫人劳拉：乔治真让我自豪，他终于学会了很多牧场上的活儿

在一次白宫的记者年度晚宴上，布什总统正在讲一个在座大多数人都听过的老笑话。这时，第一夫人劳拉打断了丈夫的讲话："乔治，我这么多年来不知参加了多少次这样的晚宴，总是安静地坐在一边。今天你先坐在

一边，让我来讲几样事情。”

然后劳拉拿她丈夫、也就是总统开玩笑，讲了一连串的笑话。劳拉取笑来自富贵人家的布什如何适应德克萨斯的农牧生活。她说：“乔治真让我自豪。到现在，他终于学会了很多牧场上的活儿，想当初，他试着从马那里挤奶，更糟糕的是，那还是匹公马。”

全场立即哄堂大笑，就连布什总统也乐得合不上嘴。

在一般人看来，在记者年度晚宴这种严肃场合不宜开玩笑，应该一板一眼地按照进度进行。可是，这样的晚宴每年都会举行，每一年都是大同小异，让布什总统也觉得无趣，就连笑话都是在别处讲过的老笑话。而劳拉幽默风趣的表达，使晚宴的气氛立即热络起来，更让大家见到了一个愚笨得有些可爱的美国总统。劳拉的这段小幽默，美国上下都做出了正面的反应，她让人们知道，第一家庭也是实实在在的人，他们的生活也是如此琐碎、生动。

有些被批评为生活刻板无趣的人，常常会给自己找这样的借口：“我的生活本身就很无趣，怎能要求我成为一个幽默有趣的人？”这当然是借口，因为生活越是无趣，越是琐碎，我们就越要见缝插针地幽默，使生活变得有趣起来。

英国剧作家萧伯纳：如果你把我撞死，就可以名扬四海了

一次，萧伯纳在街上行走，被一个冒失鬼骑车撞倒在地上，幸好没有什么大碍。肇事者急忙将萧伯纳扶起，并连声道歉。萧伯纳望望肇事者，拍拍屁股诙谐地说：“你的运气真不好，先生。如果你把我萧伯纳撞死了，就可以名扬四海了。”

肇事者见萧伯纳被撞还如此幽默，哈哈大笑起来。

好端端走路被人撞到，本是一件让人生气、扫兴的事情。但是，萧伯纳不仅不发怒，反倒友好地帮助对方解围，使这起突发事故有了最好的处理结果。萧伯纳这种积极乐观的精神，是创造这种幽默的最大源泉。生活处处可幽默，可萧伯纳在这种时刻仍能风趣地为对方化解尴尬，这种修养是很少有人能够企及的。其实，这样的幽默一点儿都不吃亏，因为你能够保持正确态度，凡事从积极面出发去思考，这样在遇到困难时也更容易化险为夷。

喜剧大师卓别林：这不是刚才缠着我的那一只

在一次聚会上，卓别林要来了一把苍蝇拍，追打一只在他头上飞的苍蝇，可拍打了好几下都没有打着。不一会儿，一只苍蝇停在他面前了，卓别林举起了苍蝇拍，正要给它致命的一击，忽然，停住了手。

“怎么忽然停手了？”周围人问。

卓别林耸了耸肩膀说：“这不是刚才缠着我的那一只。”

卓别林常被邀请参加一些宴会，但他对此并无多大兴趣，只能硬着头皮应付。但是，应付对任何人来说都是一种煎熬，于是卓别林想出办法，自己拿自己逗趣，临场进行了一段非常出彩的表演。从消灭苍蝇的角度来讲，不论它是否叨扰过你，你都应该把它消灭掉。可是，卓别林却故意做出愚蠢的行为，对苍蝇也区别对待。这种愚蠢的行为产生出极强的喜剧效果，使聚会现场的气氛也变得有趣起来。

生活中，没有什么事情是不可被幽默的，只取决于你想不想，只要保持愉快的心态总能找到快乐。譬如，男人们都很讨厌逛街，可女人们又很喜欢拉着男友或者老公逛街。这种事情很让男人头疼，可它时常就会发生，男人必须跟在女人后边，并主动抢着给她付钱。既然这种事无法避免，我们倒不如积极乐观点，让这难以忍受的事情尽量变得有趣。

挑个日子，陪另一半去逛街。等另一半看中一件衣服，只因嫌贵而犹豫着是否下手时，你可以偷偷地把款付了，然后拿着衣服，拉着另一半就跑，边跑边说："快跑，趁着营业员没看见！"接下来，你的妻子或者丈夫一定会心惊胆战，对你大发雷霆，胆小者甚至会被你"偷窃"的举动吓得号啕大哭。这时，你再把谜底揭开："放心吧，我已经把钱付过啦，看，小票还在我手心里攥着呢！"

这样大张旗鼓地幽默一下，可以让逛街这件事情也变得有趣，更能让你的另一半感受到你的真诚，你的风趣。

最后告诉大家，这种生活幽默没有固定的程式可循，也没有那么多现成的话语可套，只要你心里想着幽默，积极乐观地面对生活，自然可以把生活这杯白开水调得有滋有味。

9. 幽默一下，困境也能变顺境

没有人的一生一帆风顺，总会与逆境狭路相逢。其实，这也是种好事，虽然它会带给你许多动荡和痛苦，但从长远看，这些小挫折能帮助你保持头脑清醒，经受得住考验，也更能磨砺你的意志。

“失败是成功之母”，应该也是由此得来。如果一个人一直都被成功包围，那么偶尔一个小失败，小挫折，都会成为残酷考验，让他难以承受。可如果你对于失败、困境习以为常，自然可以成为一个奋力进取的弄潮儿，在面对失败的打击，恶劣的环境时，以幽默乐观的态度勇敢面对。

所以，别畏惧困境，别畏惧考验，鼓起勇气面对它，并用幽默乐观的心态迎战它。那么，再大的困难，也拿你没有办法，因为你有足够的力量把它击退，取得最终的成功。

要在逆境时保持幽默，的确非常考验人。但是，这也正是培养幽默心理的大好时机，只要你敢于尝试，就一定可以找到属于自己的“困境幽默”，给你继续前进的勇气和信心。

美国传奇教练佩迈尔：我们现在可以轻装上阵了

佩迈尔带领的迪泡尔大学篮球队在蝉联39次冠军后，遭到一次空前的惨败。这可是爆炸式的大事件，记者们蜂拥而至，追问佩迈尔对失败的感想。

佩迈尔想一想，微笑着说："我想，这对我们再好不过，我们终于可以轻装上阵，全力以赴去争夺冠军，背上再也没有包袱了。"

明明大家等着要看佩迈尔的笑话，看他惨败后的窘态，佩迈尔却摆出这样一幅乐观姿态示人，让大家自讨没趣。不得不说，佩迈尔是个智商很高的人，在惨败之际被记者围攻，很多人都会脑子错乱，说出许多不该说的话，可佩迈尔沉着应对，幽默地把冠军比作"包袱"，把惨败比作"丢掉包袱"，这种幽默乐观的心态，非常值得我们学习。

美国钢琴家波奇：你们一个人就买了两三张票来看我演出

一次，波奇前往密西根外的福林特城演出。由于当时他名气不大，很多听众不买账，现场空出了许多座位。这让波奇有些难堪，有些沮丧，不过他还是站在舞台上幽默地感慨道："福林城的人可真有钱啊！你们一个人就买了两三张票来看我的演出！"

冷清清的大厅里顿时爆发出一阵掌声。

波奇当然清楚，那些空下来的座位是怎么回事。不过，他想要迅速摆脱冷场的尴尬，便故意捏造了一个荒诞、离谱的解释，就在观众掌声响起的一刹那，幽默产生的喜悦感大大压倒了演奏会失败的挫伤感，这就是"无理而妙"的荒诞解释产生的奇妙效果。如果你也处于这种不利环境中，倒不如学学波奇，发挥想象，给自己的逆境、困境编造一个歪曲得让人发笑的理由。运用这种方法，荒诞性越强，与某种切合实际道理的距离就越远，所产生的幽默感也就越强。

法国第1任总统戴高乐：她现在终于跟别人一样了

戴高乐生性幽默乐观，他曾经说过，幽默可以化解生活中许许多多的烦恼和忧伤。

不过，苦难并没有因为他的乐观而对他另眼相看。戴高乐的第三个女儿安娜的智力有问题，在20岁时因患肺炎病逝了。在她的墓前，戴高乐默哀一阵后，紧紧地握着妻子的手说："唉，她现在终于跟别人一样了！"

白发人送黑发人，这对任何人来说，都是难以忍受的灾难。女儿的早逝，自然使戴高乐痛苦万分，但他清楚，一味沉溺在痛苦和伤感的情绪中，只会让自己更加痛苦，会使整个家庭都笼罩在悲痛之中。于是，他以苦中作乐式的幽默，来化解自己内心郁积的痛苦，并借以安慰悲痛的妻子，真可谓巧妙婉转，感人至深。

人的一生总有太多的不如意，你是要怨天尤人、悲观厌世？还是鼓起勇气、积极地排遣烦情愁绪？大多数想要选择后者，但他们往往有心无力，沉溺在逆境中无法自拔。

人能否挣脱困境，还取决于你能否有效地调整、控制自己的情绪，用幽默的心态来解除烦恼。丢开心里的包袱，你才能轻松上阵，勇往直前。这种幽默不是自欺欺人，不是要我们和鸵鸟一样在看到危险的时候把头埋进沙子里，而是要我们有效防止随时出现的意志滑坡，给自己坚持下去的勇气和力量。

苦中作乐，对谁来说都有点困难。在最初，我们或许要强迫自己学会笑，可笑着笑着，这种幽默就成了我们的本能反应，智慧的流露。这样，无论周遭的环境怎样，你都能保持良好的状态，不自觉地眼睛发亮，精力充沛，久而久之幽默就成了你的一种本能，会成为你面对困苦的最佳药方，无论前路多么坎坷，你都可以用笑来积极化解。

这种逆境中的幽默，就好似一杯心灵下午茶，喝过这样一杯下午茶后，你的心情会豁然开朗，足以应付外界更多的冲击与挑战。即便跌入人生的谷底，幽默也会递给你一线光明，帮助你最终走向光明。

10. 心在笑，幽默感就会悄然而生

常有人说：为什么他言语风趣幽默，而我就不能？如果你还在为自己不能幽默而烦恼，那就好好审视一下自己的内心吧。一个消极悲观的人是笑不起来的，一个充满狐疑、整天心情抑郁的人，言谈之间也很难荡漾暖融融的春意。幽默是一个人对待生活态度的反映，是对自身力量充满自信的表现。一个笑口常开、妙语连珠的人，往往是个心胸坦荡、积极乐观的人，因为他们的心在笑，他们的内心永远都能保持一种乐观积极的生活态度。

只要心在笑，幽默感就会悄然而生。

一个积极乐观的人，无论遇到什么事情，都能幽默地面对。他为人宽容，不会斤斤计较，他懂得与人为善，即便别人伤害了他，也不会针锋相对，反而能从中找到幽默的元素，让自己的生活更有趣。

美国第 37 任总统尼克松：我们应该庆幸他们在起飞前发现故障

1952 年，尼克松前往苏联访问。在领导人会晤后，尼克松又起身前往苏联其他城市访问，苏共总书记勃列日涅夫到莫斯科机场送行。

不巧的是，总统专机突然出现故障，机场地勤人员马上进行紧急检修。

勃列日涅夫远远地看着，眉头越皱越紧。为了掩饰自己的窘境，他故作轻松地说：“总统先生，真对不起，耽误了你的时间！”一面说着，一面指着飞机场上忙碌的人群问：“你看，我应该怎样处分他们？”

尼克松笑呵呵地说：“他们应该得到提升！要不是他们在起飞前发现故障，飞机一旦升空，那该多么可怕啊！”

飞机在出访前最后一刻出现故障，这让很多人烦躁、不满。可是，尼克松能够乐观地从另外一个角度看问题，利用幽默的言辞，使一件坏事变成了好事。这一幽默与尼克松总统健康的心态有直接关系，一个锱铢必较、悲观消极的人只会从负面看问题，而一个积极乐观的人，总能从坏事情中发现积极的一面。

法国文学大师巴尔扎克：我的抽屉白天都找不到一枚硬币

一天夜里，小偷溜进了巴尔扎克的房间，在他写字台的抽屉里找值钱的东西。这小偷不甚专业，翻弄的声音太大，竟然吵醒了睡梦中的巴尔扎克。

“哈哈哈哈……”巴尔扎克躺在床上放声大笑。

“你笑什么？”小偷惊慌失措地问。

巴尔扎克又笑了一会儿，终于忍住笑声回答道：“我的好伙计，在我白天都找不到一枚硬币的抽屉里，你居然想在黑夜从里面找出钱来！”

巴尔扎克的一生坎坷，年轻时就债台高筑，经常为了一点面包、蜡烛和纸张发愁。他说，他一生的劳动都在痛苦和贫困中度过，经常不为人理解，“债主迫害我像迫害兔子一样，我常像兔子一样四处奔跑。”可是，即便在这样的生活条件下，巴尔扎克一直保持一颗积极向上的心，一直都是笑对生活和人生。在他的作品中，即便是最辛辣的讽刺，他也会给它包裹上幽默的外衣，让人在欢笑之后领悟真谛。

在两个人的面前，各放着半块面包。一个人看了以后，心想："我还有半块面包。"另一个人看了后，心想："我只有半块面包了。"

对待同样的半块面包，两个人的态度却截然不同，这就是心态所起的作用。积极乐观的人，在那半块面包中得到满足，看到希望；而消极悲观的人，却能从中看到不满，看到绝望。这也恰好印证了"境由心造"的道理，人要想获得轻松、愉快、幸福，并非取决于你拥有了什么、得到了什么，而在于你的心境如何。

幽默，就是让我们摆脱外事外物，从内心里快乐起来的法宝。当然，这种乐观的心态并不好获得，但只要你愿意尝试，从一点一滴做起，就能让自己逐渐变得乐观起来。譬如，你花 10 元钱买了张彩票，结果中了 10 万。就在你欣喜若狂、为之雀跃不已时，一个小小的烟头竟然把那张中奖的彩票烧成了灰。这时你不妨安慰自己，不过就损失了 10 元钱嘛，又有什么好难过的？当然，对任何人来说损失 10 万都会让人痛苦，但损失已经无法挽回，又何苦不停地为难自己？倒不如让自己积极乐观些，使事情往更积极健康的方面发展。这样的人，无论一生际遇如何，都必定要与快乐为伍。而且，一旦你获得了这种幽默感，幽默就会与你不离不弃，会伴随你一生，使你成为一个幽默的、开朗的、讨人喜欢的人。

11. 每个人都是独一无二的幽默大师

人与人无须比较，每个人都是独立的存在，都是独一无二的。我们每个个体所表现出的幽默也各不相同，有人的幽默滑稽荒诞，有人的幽默搞笑逗趣，有人的幽默深刻尖锐，有人的幽默睿智灵性，有人的幽默引人深思……世界上有多少人，就有多少种独一无二的幽默。因为，我们每个人都是独一无二的幽默大师。

一个人幽默的风格，与他自己独特的个性有直接关系。一个开朗乐观的人，他的幽默也会如初升的太阳般带有一种进取的意味；一个保守迂腐的人，他的幽默则会带有一种谨小慎微的含蓄。总之，你是个什么样的人，就会制造出什么样的幽默。

台湾综艺天王吴宗宪：这一首歌名叫《甜蜜蜜》，但是歌词是《小城故事》

一次，吴宗宪在录制节目现场，把来宾演唱歌曲的名字搞错了，来宾准备唱《小城故事》，可吴宗宪介绍为《甜蜜蜜》。来宾赶紧提醒，弄得吴宗宪有些尴尬，可他偏偏硬拗，笑嘻嘻地说：“没有没有，这一首歌名叫《甜蜜蜜》，但是歌词是《小城故事》。这样好不好，让大家都有个台阶下！”说完，吴宗宪转过来对乐队伴奏说：“那个老师，麻烦用《甜蜜蜜》的前奏，然后再进《小城故事》。”

节目现场一片哄堂大笑。

吴宗宪是位优秀的综艺节目主持人，以快速反应和独特的“吴氏搞笑风格”使节目十多年间长期占据收视率冠军的宝座。他的幽默并不深奥，非常容易创造，时时刻刻都可以见缝插针地幽默一下。吴氏幽默不仅喜欢硬拗，编造一些谁都知道荒谬得可笑的傻话，还很喜欢自我嘲讽，或者拿熟悉的搭档开涮，对活跃周遭气氛十分有效。不过，这种幽默必须把握好分寸，千万别把玩笑开得过火，惹得大家不悦。

西班牙作曲家萨拉萨蒂：给我 5000 比赛塔，我直接站在基座上好了

几位富人十分欣赏萨拉萨蒂，决定筹资为他立一尊塑像。萨拉萨蒂对此十分反感，尤其在听到建雕像竟然要花掉 1 万比赛塔时，更是惊愕不已。

“天哪！”萨拉萨蒂大声说道：“你们干脆给我 5000 比赛塔，我直接站在基座上好了！”

表面看，萨拉萨蒂似乎很看重这 5000 比赛塔，但实际上却表达了他对为自己塑像的冷漠态度。萨拉萨蒂的幽默读起来让人觉得温暖亲切，他把这样一个极具讽刺意味的幽默，通过轻松亲切的语言表达出来，让人们看到了他的谦恭、他的豁达，让人感觉十分轻松愉悦。一个热衷于为自己建立雕像的人，是绝不会有如此这般幽默谈吐的。如果你想创造这种幽默，首先要修炼的就是自己谦恭豁达的内心，只有从内心里看淡一切，才能创造出如此暖人心脾的幽默。

美国第 16 任总统林肯：我手上的斑点到底是些什么东西

一天，林肯总统身体不适，可一个家伙偏偏赖在他的办公室不肯离开，唠唠叨叨地恳求给他一官半职。林肯非常厌烦，但出于礼貌不能直接把他

赶走。正在这时，总统医生走了进来，林肯赶紧向他伸出双手，问道："医生，我手上的斑点到底是些什么东西？"

"那是假天花，就是轻度的天花。"医生说。

"天哪，我全身都有！这东西恐怕是会传染的吧？"林肯总统惊叫着说。

医生明白总统的用意，眨了眨眼睛说道："不错，非常容易传染。"

说到这儿，访客连忙打断了总统和医生的谈话，起身告辞。

"啊呀，先生，你再坐坐，不必这么急急忙忙嘛！"林肯一脸坏笑地说。

"不必了，我下次再来看你吧！"那人说完，就急急忙忙地离开了。

林肯总统并未说一个"不"字，却通过"虚情假意"的表演成功下达了逐客令，产生了极强的幽默效果，让人读罢不禁捧腹大笑。现在看来，林肯总统幽默有些"损"，但对付这种讨厌的家伙，适当走些偏门左道也没什么不妥。不过，你若想尝试用这种假戏真做的幽默方法表达拒绝，一定要注意修炼自己演戏的技巧。虽然演的是假戏，但如果演得不像，被人看出了破绽，不仅失去了幽默效果，还会让自己陷入尴尬境地。

每个人都有一种独特的内在气质，那是我们用眼睛无法看到的，用语言无法准确传递的，用行动也无法表达的，那种气质通过灵魂彼此传递，不受任何限制。就是这种独特的气质，使得我们创造的幽默别具一格。

就拿极具幽默感的美国第 16 任总统林肯来说，他的一生坎坷艰辛，遭受的抨击暗算绝不算少，可他始终以一颗仁爱的心对待世人，他的幽默调侃从不含有恶意，而是充满了童心的可爱。他的这种幽默，与他的宝贵的人格特征有直接联系，在他身上我们能够感受到一种超越言行以外的力量，这种力量远远大于他所说过的每一句话，讲过的每一个小笑话。如果没有这种宝贵的性格特质，他的幽默也会变得黯然失色。

这种幽默，与我们释放出来的思想、信仰和观点立场有直接关系。人们通过你的幽默言语，可以了解你的为人、你的思想和本质。如果你有令人反感的个性，譬如小气、自私、贪婪、狭隘、不宽容、爱嫉妒等特质，无论你的嘴巴再怎么灵巧，笑话有多么好笑，你的幽默听来或许也只能让人感觉油嘴滑舌，效果也会大打折扣。

所以，幽默也是为人。虽然每个人都是独一无二的幽默大师，但却因为人的不同把幽默划分成不同的种类。如果你想成为真正的幽默大师，使你的幽默打动人心、深入人心，那就努力从做人入手，让自己成为一个高尚的人，一个正直的人，一个真正值得人们信赖和托付的人吧！

第 7 章

幽默是一种智慧，让性格更有温度

幽默是善意的表达，智慧的迸发，是人际交往的催化剂。幽默的谈吐背后展现的是不俗的胸怀和境界。正如王蒙所说：“幽默不是干巴巴的文字，而是一种成年人的智慧，极具生命力和穿透力，三言两语就把那讳莫如深的东西捧了出来，既含有无可奈何，更含有勃勃向上的希冀。”

那么，哪种人会具有幽默的能力呢？

首先，知识渊博的人才懂得幽默。幽默是一种人生智慧，必须以各种广博的知识为基础，一个眼界开阔、谈资丰厚的人，才能合理地运用幽默。

其次，乐观向上的人才懂得幽默。他们将点点滴滴都视为生活的馈赠，欣然接受悲欢喜乐，运用智慧去改变现状，因此，他们也拥有享有幽默的内心基础。

最后，对生活拥有敏锐洞察力的人才懂得幽默。很多人热爱生活，也热衷于观察生活。面对花花世界，总能敏锐地捕捉到事物的本质，运用诙谐幽默的语言赋予妥帖恰当的比喻。在欢声笑语中感悟生活，感悟人生。

1. 幽默，岁月沉淀的从容

幽默是一种人生智慧，彰显了宽广的胸怀和气度。大多数有幽默感的人都宅心仁厚，对万物、对苍生心怀怜悯。对他们而言，幽默感并不是看破红尘的超然，而是一种从容豁达的人生观。

从容是人性上的积淀，是一个人内在品性与修养的真实反映。有时候，幽默是一种莫大的善意，可以将眼前的尴尬化解于无形。

邻居：请享用您的蔬菜

布朗夫人屋后的小院子里有一片菜地，春天，她在那里种满了蔬菜。转眼，到了夏天，菜地里的菜长势喜人。一日傍晚，布朗夫人对孩子们说：“明天我去地里摘菜，这样，我们就能吃到新鲜的蔬菜了。”

然而，翌日清晨，儿子跑进厨房，大声嚷道：“妈妈！快来！邻居家的鸭子正在菜地里啃我们的蔬菜呢！”

布朗夫人跑到菜地里，但已经迟了！地里的菜都被邻居家的一群鸭子吃光了！布朗夫人见状，伤心地哭了。邻居闻讯赶来，也觉得很愧疚。

圣诞节前夕，邻居送给了布朗夫人一份礼物，里面是一只大肥鸭，里面还有一张纸条，上面写着：“请享用您的蔬菜吧！”

这位邻居知道，安慰布朗夫人也于事无补。于是，好不容易盼到了圣诞节，这位很有幽默感的邻居就用肥美的鸭肉来安慰她，同时，也默默表达了歉意。这种幽默的表达方式一来增进了邻里间的感情，二来也真挚地表达了迁移，体现了一种良好的涵养。

乌戴特将军：小伙子，你难道觉得这种治疗方式会有效果吗？

原民主德国将领乌戴特将军上了一定年岁后，头发就秃顶了。有一次，在宴会上，一个侍者不小心打翻了一个酒杯，酒水都洒在了将军头上。一时之间，全场鸦雀无声，侍者也不知所措，直挺挺地站在一旁。而这位将军却用幽默及时地打破了僵局，他站起身，拍了拍侍者的肩膀，和气地说：“小伙子，你难道觉得这种治疗方式会有效果吗？”

霎时间，会场爆发出一阵大笑，在场宾客紧绷着的那根心弦也松弛了下来。正是因为这份幽默和大气，让昔日里驰骋沙场的将军显得可亲又可敬。

正如美国第一任总统华盛顿所说：“世上有三件真实的事，分别是上帝的存在、人类的愚蠢、令人捧腹大笑的事。我们难以理解前两者，因此，必须好好利用第三者，在上面大做文章。”

我们来看这样一个故事：一个夏日的午后，一名师范大学生刚毕业不久，第一次到中学给学生们上课。中途，老师扭头面向黑板，开始板书，过了两分钟，只听身后传来一阵轻微的鼾声。他扭过头，只见坐在教室最后面那个角落里的男生正趴在桌子上，呼呼大睡。旁边的同学也发现这位男生在睡觉，但不敢叫醒他，生怕被老师批评。而老师初来乍到，也不敢贸然批评学生，一来会浪费上课时间，二来也得不到学生们的认可。

同学们屏气凝神，紧张地等待着一场“暴风雨”的到来。然而，这位年轻的老师却很有涵养，从容地走到那名同学面前，叫醒了他，说：“课堂上睡觉为什么不好？”

那名学生睡眼惺忪，听了老师的话顿觉尴尬，马上检讨起来。然而，老师并没有责怪他，反而说：“不对，在课堂上睡觉不好是因为趴在课桌上睡肯定没有躺在床上睡舒服。”话音未落，班里的同学发出一阵大笑。一时之间，沉闷的课堂气氛被打破了，夏日课堂上浓浓的睡意也完全消散。

这位“新”老师虽然第一次上课，但管理学生的方式却很老到。面对课堂上的突发情况，他从容淡定，不慌不忙，展现了很强的情绪自控力。他的一番话不仅教育了学生，也活跃了课堂气氛，实在是一举两得。这一切都应该归功于他的幽默感，而从容豁达的心态正是这份幽默感的前提。

这种艺术化的表达方式具有幽默色彩，相比板起面孔训斥上课睡觉的学生，沟通效果要好得多。

在社交场合中，我们免不了与其他人发生冲突。有时候，我们不得不对他人提出批评，这时，不妨学习上面这种曲折暗示的方式，这样一来，你既表达了意见，又避免了激化矛盾，还能展现从容大度的涵养。

2. 谈吐幽默，语言艺术要活用

一项两性关系的调查研究报告表明，在选择伴侣时，大部分女性都会考虑男性是否具有幽默感。同理，那些具有幽默感的人在人际交往中也备受青睐。幽默的言辞是人与人交往的润滑剂，三言两语就能迅速平息对方的怒火，更有甚者，能让对方转怒为喜，喜笑颜开。可见，幽默的谈吐是何其有力量！

英国乔治三世时期的店主：我们这里稀有的不是鸡蛋，而是陛下您！

有一次，英国国王乔治三世去乡下打猎。中午时分，他觉得有些饿，就去附近一家小饭店里买了两枚鸡蛋充饥。吃完后，乔治三世瞟了一眼店主递来的账单，愤怒地说："两枚鸡蛋为什么要两英镑！莫非鸡蛋在你们这是稀有之物？"

店主毕恭毕敬地回答："不，陛下，我们这里稀有的不是鸡蛋，而是陛下您！鸡蛋的价格必须要配得上您的身份才行。"听罢，乔治三世哈哈大笑起来，爽快地付了钱。店主谈吐幽默，三言两语就化解了国王的愤怒，还获得了不菲的收入。

亲爱的读者，您是不是懂得合理地运用幽默呢？如果不是，我相信您身边也一定会有几个颇具幽默感的朋友。诚然，每个人都乐于和谈吐幽默、风趣机智的人打交道，而不愿意与言谈乏味、郁郁寡欢的人来往。在人际交往中，恰当的幽默是有效的润滑剂，如果一个人能巧妙地借助恰当的幽默来化解矛盾或愤怒，缓解谈话氛围，调节紧张情绪，让坏情绪消失得无影无踪，这样的人毫无疑问是社交圈里人见人爱的“开心果”。

有些人的幽默感是与生俱来的，然而，大多数人必须通过后天的学习和培养才能拥有幽默感。

学习运用幽默感，就必须积累充足的幽默素材。幽默是一种即兴发挥的能力，因此，我们不妨平时多看一些笑话或漫画，慢慢从中体会幽默的感觉，学习如何欣赏幽默的妙处。时间长了，我们就可以自如地运用这些笑话，甚至能自己制造幽默。

其次，我们可以多留心一下生活中具有幽默感的人，加以模仿。我们要敞开心扉，以开阔的心胸去接受形形色色的人或事，久而久之，这些人和事都会悄悄在你心间留下痕迹，成为滋养幽默感的沃土。

再者，我们要随时保持愉悦的好心情，这是幽默感的不竭的“源泉”。试想一下，你郁郁寡欢，总是惦记着那些不愉快的事情，又怎么可能感受并制造出幽默感呢？

除了上述几种大而化之的技巧之外，我们还可以巧妙地运用比喻、反讽、夸张、双关的语言艺术手法，来制造幽默感。下面，我们来简单介绍5种培养幽默感的小技巧：

1. **自我解嘲**。幽默的一项重要准则就是可以自嘲，但不可嘲笑他人。正如海利·福斯第所说：“无论你想笑别人什么，先笑自己吧，这是幽默的不二法则。”其实，自嘲在本质上也是一种幽默感，是自信、自知、自娱自乐的集中体现。

英国知名作家杰斯塔东是一个大胖子，有时候行动上也不太方便。然而，他从不因为胖而感到羞愧。有一天，他对一个朋友说："我比大多数男士要和蔼可亲三倍之多。想想看，每当我在公交车上让座时，只要我站起来，就有三位女士可以坐下。这番自嘲听来轻松愉快，既巧妙地展现了幽默感，又表现了说话者的气度与自信。

2. **有意曲解**。曲解指的是通过歪曲或荒诞的言辞来解释事物，以轻松而不以为意的态度来宽泛地解释某个问题，将两个看似风马牛不相及的事物联系在一起，造成一种不合情、不合理、出乎意料的效果，从而制造幽默感。

有一天，妻子跟丈夫抱怨说："你看看邻居老李，每天出门前都会亲吻他的妻子，你就不能学习一下吗？"丈夫说："当然可以，但我现在跟李太太还不太熟。"这位妻子原本是要丈夫每天出门前亲吻自己，但她的丈夫却故意曲解了她的意思，表达成让他亲吻李太太，幽默感正是从这种出人预料的语境中产生的。

在与他人沟通不畅时，我们可以有意曲解对方的意思，扰乱对方的思维逻辑。这种突如其来的表达会让对方产生错误的判断，自己就可以抓住机会，转移焦点，在不知不觉中化解压力。

3. **正话反说**。正话反说指的是说的话表达的意思与字面上的意思截然相反。比如说，字面上表达的是肯定，而意义上表达的却是否定；或字面上表达的是否定，而意义上表达的却是肯定。这也是一种产生幽默感的有效方式。

前面章节中提到的戒烟的主题广告便是正话反说的例子，通篇一字不提吸烟的危害，却还列举了吸烟的诸多好处。笑过之后，却发人深思。细想之下，人们能更深刻地体会到吸烟对健康的危害。

4. **巧妙解释**。英国著名悬疑小说家阿加莎·克里斯蒂与考古学家马克斯・马温洛结婚了，丈夫比她年轻 13 岁。婚后，朋友问她为什么会嫁给马克斯・马温洛，她幽默地回应道：“对女人来说，考古学家是丈夫的最佳选择。妻子越老，他就越喜欢！”这个解释是如此巧妙，既展现了克里斯蒂的幽默感，又说明了他们夫妻之间相处和睦恩爱。

5. **模仿他人的语言**。模仿语言指的是通过模仿现有的词汇、句式、语气等创造出新的语言，这也是一种常见的制造幽默感的方式。人们常常会借助一种不合逻辑的想象或联想，将原本的语言要素融入全新的语境中，从而产生幽默感。

在日常生活中，和别人开玩笑时，我们可以善意地逗乐，促进感情上的交流与沟通，但不能恶意地取笑对方。也就是说，开玩笑要拿捏好尺度，不能越雷池。一个谈吐幽默的人往往也拥有乐观开朗的性格，可见，幽默是聪明智慧的标志。当然，只是懂得运用幽默的方法还不足以证明你拥有幽默细胞，只有拥有较高的文化素养才能将幽默感运用得恰到好处。

3. 幽默宽慰，拨开心灵的迷雾

正所谓“人生不如意十之八九”，生活中，每个人都难免会遇上不顺心的事情，无论是学业不顺、事业低谷，还是婚姻不幸、身体抱恙，都会在精神上给人们造成负担。面对来自生活的打击，有些人需要一段比较长的时间来进行心理调节，才能恢复如初，有的人则终其一生都活在痛苦里，还有的人甚至会彻底丧失继续生活下去的勇气。当身边的家人、朋友身处人生低谷时，我们有必要安慰和宽解他们，让他们重振旗鼓，开始一段崭新的人生之旅。每个人都应该掌握一些安慰他人的技巧，毋庸置疑，幽默绝对是其中最有效的一种。

当我们在生活中遇到挫折或不幸时，谁不想得到家人、朋友的安慰呢？然而，安慰绝不是简单地说上几句漂亮话，安慰他人也是一门艺术，恰当的安慰能帮助他人摆脱苦恼。安慰他人时，适当地掺杂一些幽默感，能让身处逆境之中的人们感受到温暖，以更好的心态来迎接生活的挑战。

王尔德：你也表示沉默

曾经被维多利亚女王封为“桂冠诗人”的丁尼生在1892年去世，于是，这个称号也无人继承。当时，几位很有声望的诗人陆续被提名作为候选人，然而，作品平平却姿态十足的刘易斯·莫里斯爵士却不在其中。

莫里斯跟好朋友——爱尔兰作家王尔德抱怨说："故意对我表示沉默，这是个彻头彻尾的阴谋！你说，我该怎么办？"

王尔德说："你也表示沉默。"

听了王尔德的话，莫里斯发出了一阵爽朗的笑声，把之前的不悦都抛到九霄云外去了。

生意人：我有一个毛病，就是喜欢传闲话

有一天，四个生意人坐在公园的长椅子上，感叹着这年头生意不好做，人到中年处处不如意。其中一人说："我们四个是好朋友，正好趁这个机会聊一聊各自的缺点，也好更了解彼此呀！"三人也纷纷表示同意。

第一个人说："我嗜酒如命，喝起酒来不醉不归。"

听罢，其他三人大吃一惊，心想着，我一定要说得比他更糟糕，要不然，他肯定会为自己的缺点而伤心的。

接着，第二个人说："兄弟，你都这么坦诚了，我也实话实说吧。我好赌，甚至有时想偷钱去过把瘾。"听完，大家又吃了一惊。

第三个人说："兄弟们，我爱上了邻居家的年轻姑娘，比我小了二十岁呢！"

听了这番话，大家更惊讶了。接着，轮到第四个人了。然而，他却低头不语。在其他三人的再三追问之下，他才犹犹豫豫地开口，说："哎呀，我真是难以启齿啊！"

其他人安慰他说："兄弟，别担心，我们都是好朋友，肯定会为你保密的！"

好半天，他才憋出一句："我有一个毛病，实在是改不了，就是喜欢传闲话。"

听完他的话，众人你看看我，我看看你，爆发出一阵大笑。这才知道，刚才大家都是为了宽慰彼此在说瞎话，心头上因为工作带来的压力也消散了大半。

在日常生活中，幽默的言语就像是朋友闲谈时的佐料，互相宽慰彼此，也帮助彼此卸下心头的包袱。幽默的言谈就像一阵春风，轻轻拂过心头，抚平那些生活琐事带来的“皱纹”，让心态保持年轻。

我们在生活中经常遇到朋友生病的情况，生病中的人最需要来自亲友的安慰。去探望病人时，我们经常说的话无外乎“最近怎么样，好点了吗？”“你的气色好多了！”“好好休息，很快就康复了。”有时候，还会直接询问病人详细的病情。然而，这些表达方式都太过俗套，不能从实质上缓解病人的心理压力，当然也不能称之为真正宽慰人心的话。那么，面对正在生病的朋友，怎么安慰更妥当呢？

如果朋友的病不是很严重，情况也相对稳定，我们可以说：“你运气真好，我也想生一场小病，正好趁机休息几天，躺在床上，舒舒服服地，多自在啊！”运用幽默的言语从不幸中找幸运，生病的人听了能从心理上卸下负担。

如果朋友生的病比较严重或生病时间比较长了，上述说法就不太妥当了。这时候，病人最需要的是来自朋友的鼓励，从而增强战胜病痛的信心。比如说下面这位朋友安慰他朋友的方式就很恰当。

有人去医院探望老朋友，这位朋友一年里旧病多次发作，反复住院。病房里，看到朋友面容憔悴，毫无血色，他觉得有必要鼓励朋友振作精神，与病魔做斗争。于是，他用一段风趣幽默的话语来现身说法，讲述自己曾经战胜病魔的经历：

“我对这家监狱（医院）可是再熟悉不过了，我以前也是这里的‘老犯人’呢，在这里被‘关押’了大半年，我对这里各种‘监规’简直是了如指掌。但是，我一点也没气馁，坚持'沉着应战'。那段时间，我经常自己提着输液瓶去上厕所，周围的病友经常笑我是'苏三起解'。有时候，我连续好几天吃不下饭，干脆跟医生说，我这是要'绝食抗议'。有时候，我半夜难受得睡不着，干脆坐在床上，'静坐示威'。就这样，我'七斗八斗'地坚持了大半年，最终迎来了'解放'。你看看啊，我现在'刑满释放'了，精神头儿多足！老朋友，你要多向我学习学习，千万别被'五进宫'吓着了。只要像我一样，'不断斗争'，坚持下去，很快就会获得'全面胜利'！"

这番鼓励的话语慷慨激昂，让老朋友以及同一间病房的病友们听了都喜笑颜开，大家的心情一下子也变得轻松了，似乎病情也缓解了几分。

其实，当我们面对病人，完全没必要一本正经地安慰他们，若无其事地谈笑几句，反而能收获更好的效果。比如下面这个案例：

寒冬里的一天，狂风大作，白雪飘飘，有个人去探望一位生病的朋友。途中，他滑倒了好几次，跌跌撞撞才到了朋友家里。他被冻得不停地发抖。

他跟朋友说："天气太糟糕了！我往前挪一步，就会滑回去一步。"

朋友追问："那你怎么走到我家来的？"

"我眼看着到不了这儿，骂了一声'鬼天气'，就转身往回走了。"

生病的朋友被他这句话逗乐了，一时之间，忘记了身体的病痛，沉寂多日的心情也欢快了许多。

面对失意的朋友，妥帖而幽默的安慰总能缓解他们的压力，将他们从痛苦的深渊里拉出来，让他们振作起来，努力摆脱现在的人生低谷。

在现代社会，生活节奏越来越快。人们时时刻刻都承受着巨大的精神压力。其实，我们不用太紧张或太在意生活中那些琐碎的小事。有时，周围的朋友做了错事或对某件事的认知有问题，我们也需要及时地劝导他，为他拨开迷雾，看清现实。如果太直接地劝告对方，难免让人难以接受，如果修饰一下这些劝告之词，为其包上一层幽默的糖衣，对方也更容易接受。看看下面这个故事：

有一位胖太太嘴很馋，每天各色零食不离嘴，结果引发了消化不良。于是，她只能拖着笨重的身体去找医生。问明情况后，医生点了点头。她问："开点什么药呢？"医生拿起笔，开了一些健胃消食的药片，接着，又对她说："阿姨，我再给您开一剂开胃药吧！"

胖太太眉开眼笑，说："真的？那太好了！开什么药呢？"

医生说："饥饿是最有效的开胃药！"

胖太太听了，会心一笑。

故事里，医生用幽默的语言间接地劝告胖太太合理饮食，巧妙地避开了关于"胖"的话题，最后的效果也很好。

总之，如果我们想成功劝告朋友，除了言之有理外，还要懂得巧用幽默的言语，娓娓道来，才能动之以情、晓之以理。

无论是病痛的折磨、爱情的陨落、事业的不顺、生意场的失利，我们都可以用幽默的语言劝慰朋友，让他们放宽心，以积极向上的心态来面对人生的一切不如意。这样，笼罩心头的乌云将被冲散，阳光将普照大地。

4. 捕捉对方心理，玩笑要有分寸感

在日常生活中，我们偶尔和朋友开个小玩笑是再正常不过的事情。那些善于开玩笑、诙谐幽默的人总是受到周围人的青睐。然而，凡事都讲究一个度，如果玩笑开过了头，非但不能活跃气氛，还有可能伤害彼此感情。

玩笑话就像是生活中的一道佐料，是朋友间轻松自如的交流方式。如果能恰到好处地拿捏玩笑的分寸，就能运用它调节气氛、增进感情。生活中的聪明人总能准确地拿捏开玩笑的分寸与技巧，用三言两语逗得人们笑逐颜开，让气氛也更加轻松融洽。

但是，开玩笑要讲究场合和时机，还要看聊天的对象。如果你拿别人的痛处或忌讳来开玩笑，非但不会有幽默感，反而会适得其反，严重影响自己的人际交往。

小梅性格大大咧咧，平时总是嘻嘻哈哈的，爱说爱笑，说起话来也没遮没掩的。有一次，小梅去参加同学聚会。席间，正好碰上了大学同学小吴。因为家族遗传的缘故，小吴年纪轻轻，却已经有点秃头。小梅听说小吴事业上春风得意，刚刚职位又升了一级，也很为他高兴。怎料，小梅快言快语，脱口而出："小吴啊，你这小子真厉害！正所谓热闹的马路不长

草，聪明的脑袋不长毛。难怪你会聪明绝顶呀！”说罢，大家爆发出一阵哄堂大笑，小吴的脸却涨得通红，反驳道：“你才脑袋上不长毛呢！”语毕，放下碗筷，拂袖而去。原本气氛融洽的一场同学聚会，却因为小梅无心的一句话闹得不欢而散。

小梅只是想开个玩笑，活跃气氛，怎知好心办了坏事，正好踩到了小吴的痛处，结果可想而知。正所谓“言者无心，听者有意”，你拿对方的忌讳或缺点来调侃，哪怕是无心的，对方也很容易误以为你是在冷嘲热讽。如果对方又正好比较敏感多疑，就很容易被无心的一句话刺痛甚至触怒，最终还会影响双方的友谊。

可见，玩笑话在人际交往中是一把双刃剑，用好了能融洽气氛，用不好伤人伤己。因此，开玩笑时就要拿捏好分寸，不要弄巧成拙，适得其反。如果想把玩笑开得恰到好处，发挥好的效果，就要注意遵循以下几点：

1. **开玩笑时要分清场合和时机**。一般情况下，在正规场合或公共场合，不适宜开玩笑。亲密、熟悉的亲朋好友之间更适合开玩笑。在一些喜庆的场合，可以适度开一些玩笑，来活跃气氛；工作场合尽量避免开玩笑，否则容易影响工作；庄严、肃穆的场合也不适宜开玩笑。

2. **要把握事情的性质来开玩笑**。事情有轻重缓急，并非所有事情都能作为玩笑话的素材。一些容易让人信以为真的敏感话题尤其不适合拿来开玩笑，以免弄巧成拙。

3. **开玩笑要分清楚对象**。人的性格、心情、身份等各不相同，承受玩笑话的能力也有强有弱。因此，开玩笑也要看人说话。

首先，开玩笑要注意长幼有序。长辈开晚辈的玩笑，要保持自己的长者身份；晚辈开长辈玩笑，要尊重长辈。

其次，开玩笑要注意男女有别。相对来说，男性心胸宽广，承受力也较强，一般的玩笑话不会让他们感到难堪；而女性承受力则弱一些，有些玩笑开得不得体，难免让女性感到难堪。

最后，开玩笑要注意亲疏有别。面对亲近、熟悉的家人、朋友，哪怕玩笑开得比较过，也不会影响彼此关系。然而，面对不太熟悉的人，你对对方的性格、经历、兴趣等都不甚了解，就要格外注意拿捏玩笑的分寸感，不要因为玩笑话冒犯了对方。

4. 开玩笑要以尊重对方为前提。每个人都要维护自尊心，如果你的玩笑话伤害了对方的自尊心，对方自然会怀恨在心。有时，阴损话和玩笑话之间只隔了一张纸的距离。一旦玩笑话没拿捏好分寸，就可能让对方误认为你在恶语伤人。

5. 开玩笑话，内容要健康向上，态度要友好亲切。玩笑话的内容也反映了说话者的文化水平和精神境界。开玩笑时，要注意选择一些情趣高雅、健康向上的内容，才能让对方在精神上感到愉悦，也能展现自己高超的语言艺术。一旦笑话落入低俗，就会让对方反感，也让你的个人形象受损。

开玩笑时，态度也要亲切友好。开玩笑就是为了活跃气氛，增进感情。如果故意拿对方的痛处或短处寻开心，恶语相向，你也很容易因为一两句玩笑话失去一个真挚的朋友。

5. 幽默感，对挫折的有力反击

没有谁的人生是一帆风顺的，我们总会遇到各种各样的挫折或困难。身处人生的低谷，不妨幽默一把，一瞬间，你就会感到痛苦与烦恼也缓解了几分。不妨用幽默的人生观来面对烦恼、失意、困顿的人生境遇，这样，你也会愈发自信，用不一样的眼光来看待周遭的一切。

一个寒冷的冬日，莉莉刚在家里做好发型，刚出门，就被一阵大风吹得乱七八糟。但是，这位机智幽默的女士并未因此而抱怨糟糕的天气，而是笑着对身边的朋友说："我想我一定是想拿吹风机，结果却拿了电动搅拌器。"莉莉用一句调侃，就轻松地化解了负面情绪，还逗得周围人发笑。相比起优雅得体的发型，她的这份幽默感更动人。

就像王小波所说，"趣味是感受到这个世界各种美好的前提"，真正的人生赢家是那些懂得用幽默感来应对挫折的人。如果一个人被外界评价为是"幽默的"，那么，这已经是一个极高的评价了。面对挫折，用幽默感轻松笑对，做一个有趣的人吧！

亨利·福特：如果从头开始，我也许只会犯一些不同的错误

26岁时，亨利·福特已出任福特汽车公司总裁。之前，公司连年亏损。他上台后，推出一系列变革，公司扭亏为盈。虽然成绩斐然，但年纪轻轻的亨利在工作中还是免不了犯了一些小错误。

后来，有人问他，如果从头开始，会是什么样子。他回答："我看，也不会有什么非比寻常的作为，人都是在犯错和失败中成长起来的。因此，如果从头开始，我也许只会犯一些不同的错误。"

回答时，亨利回避了提问者的重点，故意避而不谈自己的各种成绩，反而拿自己在工作中犯的小错误做文章，让人觉得这个成功的企业家平易近人。

有的人在工作中成绩斐然，这时，哪怕是幽默的自夸也没有必要，因为别人已经把他所做的一切看在眼里、记在心里了。这时，他可以批评一下自己在工作中小小的失误，来展现自己谦虚的一面，赢得人们的好感。

美国钢铁公司董事长：这不像匹兹堡海盗队赢了一场棒球

无论你从事哪行哪业，无论你是上级还是下级，无论你是新手还是老手，在与他人交流时，幽默感都能帮助你解决工作中的难题，让你如虎添翼。

1950年，布劳先生出任美国钢铁公司董事长。当时，有人问他对这个新职位做何感想。他没有流露出丝毫兴奋，还表示不会庆祝。"毕竟，"布劳先生说，"这不像匹兹堡海盗队赢了一场棒球。"布劳先生言语幽默，体现了他为人低调，不愿自夸，既能用全新的眼光看待属于他的荣耀，又提升了自我形象，赢得了公司上下的尊重。

俗话说"谦虚是一种美德"，然而，我们在工作中不必凡事都太过谦让。当我们通过自己的实力和努力取得成绩时，我们既要强调那是"大家帮忙"或"运气好"，又要婉转地表示成功的关键因素是自己的努力，甚至

还可以用幽默的方式不露痕迹地自我吹嘘一番。

作为社会大群体中的一员，工作是我们赖以谋生的手段。在工作中，我们既享受了成功的喜悦，也感受了失败的苦楚。确实，升职加薪都能让我们感受到自身价值，为此欢欣鼓舞，但难免会遇上人际交往不和谐的情况，这时，如果我们能巧妙地运用幽默感，也能让我们的工作更顺利。

一天，一名职员接到上级指示，马上要被派到分公司去。人事经理安慰他说："小伙子，别灰心，我们很快就会把你调回总部的！"结果，被调动的员工却用第三者旁观一般的口吻说道："没有，我才不灰心呢！我只不过感受到了董事长退休时的心情。"

这名职员年纪轻轻，却懂得在精神上做深呼吸。对于外派的情况，他没有灰心，还利用幽默来调节心情，从而以更好的精神面貌投入到工作的新阶段中。在工作时，面对挫折，我们既要学会调整心态，还要懂得运用幽默感与他人分享欢乐，寻找双方的共同目标，在工作中获得他人的支持与帮助，从而解决工作中的难题。

我有一个朋友，他精通多国语言，对此，他幽默地自夸道："我可以用英语、日语、意大利语、俄语来保持沉默，但是，如果我有话要说，则只说英语。"

乍听之下，他的话很谦虚，但是，其实这幽默的话语里散发着一种自信，是很好的自我宣传。

6. 幽默的背面，是难得糊涂

较真是一种偏激的生活态度。面对工作，我们要较真，但面对生活，我们应该接纳它最本真的面目。为何要把自己的意愿强加给生活呢？更何况，你眼中最好的，却未必是最适合的。因此，“难得糊涂”有时却是至高的人生境界。生活中，不妨睁一只眼、闭一只眼，给自己也给他人一些自由。

也许，有的人生性喜欢追求完美，然而，世界上原本就没有完美却偏偏要追求完美，不过是给自己和他人增添了几许烦恼。凡事太较真，结果常常不尽如人意，不如哂然一笑，退一步海阔天空。

在《第十二夜》一文中，大文豪莎士比亚曾借主人翁维奥拉之口说过一句这样的话：“他十分聪慧，才能装出糊涂来。唯有拥有足够的智慧，才能成为彻底的糊涂人。”言下之意，大智若愚的人，总是把自己的智慧隐藏在假装糊涂的幽默之中。

在为人处世中，我们说话、办事往往要顾及他人的面子。尤其当我们身处尴尬的处境时，不妨装一下糊涂，巧用幽默来化解尴尬。难得糊涂是一种高级的幽默，要求说话者懂得装傻，把真话说成假的，把假话说成真的，真真假假，达到迷惑对方的目的，从而体面地从困境中全身而退。下面，我们来看看诗人普希金又是怎么装糊涂的。

俄国著名文学家普希金：我真的不知道您正怀着孩子呢！

普希金年轻时并不出名。一次，他前往参加公爵家的舞会，并主动邀请一位漂亮的贵族小姐跳舞。

贵族小姐见眼前是个粗鄙的“乡下人”，便找了个借口，傲慢地加以回绝：“对不起，我不能带小孩子跳舞。”

“对不起，”普希金说着很有礼貌地鞠了一躬，“亲爱的小姐，我真的不知道您正怀着孩子呢！”说罢，他冲小姐鞠了一躬，翩然离去。

面对对方毫不客气的拒绝，普希金没有丧气，而是装了一把糊涂，故作痴语，巧妙地曲解了小姐的意思，为自己的“糊涂”标上了一个幽默的“注脚”。普希金的幽默既巧妙地还击了贵族小姐的无礼，又使自己体面地下了台。生活中，我们常能听到表达含混不清的言语，只要在这上面稍做些文章，就能巧妙地制造出幽默的效果。如果对方的话语带有恶意，你更可以歪曲对方原意，做出有利于自己的解释，便可委婉含蓄地反击对方的攻击。

市区一家五星级酒店要招聘客房服务员，于是，经理给应聘者出了一道题：“假设你是一名客房服务员，无意间打开了一间客房的门，却看见一名女客人正一丝不挂，准备沐浴，而她也看到了你。这时，你要如何做，才能化解这场尴尬。”

第一名应聘者回答：“说一声‘对不起’，然后关上门。”

第二名应聘者回答：“说一声‘对不起，小姐’，然后关上门。”

第三名应聘者回答：“说一声‘对不起，先生’，然后关上门。”

最后，第三名应聘者通过了考试。我们回顾一下上面三人的回答，就会发现，前两人的回答都不能有效避免双方尴尬，只有第三名应聘者的回答幽默而贴心。这个回答妙就妙在他装作自己并没有看清楚，从而保全了对方的面子，自己也摆脱了尴尬。

在各种复杂的场合，假装糊涂都能出奇制胜，为自己和他人解围，这是一种极具智慧的幽默。它的巧妙之处就是灵活运用各种虚实真假的信息，正话反着说，反话正着说，正正反反、真真假假，相映成趣。

有一对新婚小夫妻因为一件小事吵了起来。两人都在火头上，谁也不肯让谁。妻子气急败坏，准备收拾东西回娘家。丈夫在一旁气鼓鼓的，也没搭理她。

过了好半天，丈夫还是一言不发。妻子跑到丈夫面前，气冲冲地跟他要路费。丈夫还是不说话，直接从钱包里掏出 50 块钱，递给妻子。妻子接过钱，盯着丈夫，还是没走。又过了一会儿，妻子大声冲丈夫说道：“才给我 50 块钱，那你不给我回来的路费吗？”

丈夫慢悠悠地说：“要不，你直接把我这个大钱包一起带回娘家吧，这样就不怕没有路费了。”听了丈夫的话，妻子破涕而笑。丈夫利用机智的小幽默有效地化解了一场家庭内部矛盾。

在人际交往中，我们经常会遇到意见相左的时候。哪怕锅碗瓢盆配合得再默契，难免也会有磕磕碰碰的时候。有时，太过计较一些小事，难免硝烟四起，生活也因此失去了很多滋味。因此，退让一步也许是最明智的做法。然而，正在气头上时，是很难做到及时退让的。与其这样，倒不如运用幽默的言语或行为给自己也给对方一个台阶。生活中，少一些苛责，多一些包容，就会感受到更多乐趣。

7. 将错就错也幽默

生活中，我们都害怕犯错，却又难免犯错。但是，生活在习以为常的环境中，人的思维的积极性会自动下降，这时就难免会出现一些错误。

譬如，有老师在讲课时说：下面我举个比方。说罢老师觉得不对，赶紧补充说：不对，下面我举个例子。

再比如有播音员把播音稿“两歹徒打伤我 110 干警后逃窜”读成“两歹徒打伤我 110 名干警后逃窜”。

这两种错误都说明，我们的头脑和思维在依靠惯性说话做事时，时不时地会发生短路的情况，甚至在出现错误后都意识不到自己到底出了什么问题。不过，出现这种错误也不用过于担心，因为这种错误本身，如果运用巧妙，也可能会误打误撞地营造出一种幽默氛围。如果你的脑筋能迅速运转，巧妙的将错就错，可能会为你带来令人惊喜的幽默效果。

人们总说知错就改，其实有时候知错不改，甚至将错就错，也能让你侥幸获得满意效果。当然，这非常考验你的脑筋灵活度，下面两个例子就是很好的例证。

美国《纽约论坛报》创办人霍勒斯·格里利：你的屁股肯定会比你的脑袋瓜更有头脑

格里利在一次乘坐火车时，发现邻座的旅客在读一份《太阳报》。格里利认为自己创办的《论坛报》内容比《太阳报》更丰富，消息也多，便建议对方买《论坛报》。

不幸的是，邻座的旅客并不买账，反而粗野地回复说："我也买《论坛报》，在我没带手纸的时候，买它用来擦擦屁股！"

"噢，是这样的，"格里利不露声色地说，"如果你坚持这样做的话，你的屁股肯定会比你的脑袋瓜更有头脑！"

这位乘客不仅品位低俗，说话也十分恶劣，由此可见对方人品令人不敢恭维，开口与他说话就是一个错误。于是，格里利抓住对方的缺点、言语中的错处，大胆地幽了一默，把对方的"无知""粗鲁""无礼"刻画得入木三分。这种委婉的讽刺，比起直来直去的批评有力得多。如果你也遭遇到对方的无礼攻击，也可以从中截取某些"偏执""片面"的片段，将错就错予以反击，效果比起正面攻击要有力得多。

西班牙画家巴勃罗·毕加索：使用左手的骑马斗牛士

毕加索在18岁那年，曾首次尝试铜版画。由于对铜版画不够了解，经验不足，他在创作过程中忽略了一个重要因素，那就是版画印到纸上后，方向总是与原作完全相反的。所以，在毕加索的画作中，那位威风凛凛的斗牛士竟然用左手提着长矛！毕加索创作完后，才发现自己的这一错误，起初为此十分懊恼，但随即他将错就错，化拙为巧，用狂野的字体在画上写上了"Elzurdo"，即左撇子。

这幅《使用左手的骑马斗牛士》非常有名，流传非常广泛，甚至有许多人因此断定毕加索本人就是个左撇子。其实，这只是毕加索创作中的失误，他不忍毁掉一幅自己精心创作的作品，不仅白费心血，也会带来精神上的打击。于是，他只好将错就错，没想到反而成了一段佳话，让人们见识到了毕加索大师的独特幽默。如此看来，犯错也没什么可怕，用积极幽默的心态去对待，错误或许也能转变成一件好事。

将错就错之所以可以制造幽默，就在于它能使正常的动因变成歪曲的结果，而且越来越歪，越来越毫不相干，从而形成强烈的反差和连锁反应，让人忍俊不禁。

在日常交流中，我们最可能出错的问题，应该就是口误了。这口误可能是不小心发错了音，或者是遣词酌句出现失误。这种错误的处理方法比较容易，因为错别字产生的幽默是语言领域“废物利用”的最佳典范，它在逻辑上或者谈话上的错位，反倒会生出一种出人意料的幽默效果。生活中，人们甚至故意把读音读错，把词汇用错。譬如读报看书的时候，把“兢兢业业”故意念成“克克业业”；网上冲浪的时候，故意把“版主”说成“斑竹”或者“版猪”等等，这样的小错误都会惹得大家会心一笑。

当然，如果你的错误本身并无幽默成分，你就要有意识地进行补救，可以故意把这个错误夸大，渲染得更加荒谬，使得你的错误本身带有一种夸张、荒谬的幽默效果。毕加索给自己的画作命名为《左撇子》就是最好的例证。当然，你也可以像格里利那样，抓住对方言谈中的错误，将错就错予以反击。在运用这种幽默技法时，我们必须保持头脑的高度运转，这样才能找到错误发生的关键点，并且遣词酌句得当，最恰当地予以运用，这样才能收到意想不到的效果。

8. 荒诞深刻的无厘头式幽默术

你可曾看过《大话西游》？这部电影中，周星驰有这样一句经典的对白：“曾经有一份真挚的爱情放在我的面前，我没有珍惜，只到失去才后悔莫及……如果一定要在这份爱上加一个期限，我希望是一万年！”

或许，周星驰自己都料想不到，他的“无厘头”竟然成了20世纪末创造的最重要词汇之一，从上文那个经典段落开始，他的无厘头成为年轻人追随的挚爱。

那么，到底什么才是无厘头呢？其实，无厘头原是流传在广东佛山一带的俚语，意思是指一个人无端做出没有理由的事情来，表面上显得有些难以理解，让人忍俊不禁，但其语言或行为的根本却蕴涵着深刻的社会意义，透过玩世不恭的表象揭示事物的本质所在。

荒诞而幽默，就是一种有别于笑话的无厘头式幽默。

无厘头式的幽默跳过了种种条条框框，以诙谐逗趣的方式，暗示事物的本质，达到明辨是非的目的。正因为如此，无厘头式的幽默常被用在争论中，可以发挥出巨大的，让人无法反击的威力。

海派清口周立波：人家蜗牛是坐地户，你们跟人家能比吗？

周立波是海派文化的发起人，也是《壹周立波秀》的著名主持人。一次，他在节目中对房价作了如下调侃：

近两年，中国房价居高不下，不要跟蜗牛比，人家蜗牛是坐地户，一出生父母就给了套房子，而且走到哪儿房子带到哪儿，你们跟人家能比吗？

你也不要跟蚂蚁比，蚂蚁那是公务员级别，享受分房待遇，人家那蚁穴建的，你们跟人家能比吗？……

场下观众笑作一团。

周立波很有幽默感，站在台上一脸坏相，寥寥数语就能把观众逗乐。他的无厘头总是别具一格，台词更是充满了海派思维和丰富想象，在他嘴皮子的翻动中，人们忍俊不禁，还会在笑声中发现蕴涵的哲理。需要注意的是，我们在运用这种无厘头幽默时，虽然可以玩世不恭、抨击时事，但幽默的最终意图却要能励志向上，提倡健康思维和快乐人生。

中国法官梅汝璈：不服气的话，可以另派一名比我胖的人来换

1946年5月，远东国际军事法庭审判以东条英机为首的日本甲级战犯，10个参与国的法官们曾因排定法庭座次，展开过一场激烈的争论。中国法官理应排在庭长左边的第二把交椅，可是由于当时中国国力不强，因此被各强权国所否定。

在这种情况下，唯一出庭的中国法官梅汝璈笑着反驳说："如果各位不肯按日本投降时各受降国的签字顺序排列，我们不妨找个体重计来，然后依体重排座次，体重重者居中，体重轻者居旁。你们若认为我不该坐在庭长的边上，则可以另派一名比我胖的人来换呀。"

这回答引得法官们大笑起来。在举世瞩目的国际法庭上，法官的座次

按体重来排定，这岂不是天大的笑话！梅汝璈正是用这样无厘头的对话，嘲讽帝国主义者仗恃强权、践踏国际公理的丑恶嘴脸。如果你正与人发生争论，别急着反驳对方，不如像梅汝璈那样舍弃锋芒毕露的语言，给对方一个无厘头式的幽默，不仅风趣含蓄、诙谐生动，反驳的效果也会更好。

一位幽默的美国绅士：你可以把咖啡和苍蝇分开放

一位美国绅士到餐馆喝咖啡。正喝着，他突然在咖啡杯里发现一只死掉的苍蝇。于是，他招呼服务生，和颜悦色地对他说："你好，虽然我觉得在咖啡单调的颜色中加点儿点缀很不错，但你可以把咖啡和苍蝇分开放，让那些喜欢的人自己添加，添加多少自己随意。你觉得这个主意怎么样？"

从这句话的字面意思来看，苍蝇似乎成了类似于奶油、方糖一类的食材，可以依据个人口味自行添加一样。可事实上，苍蝇根本不能吃，这位绅士这番让人摸不着头脑的话其实是要告诉对方：哦，天哪，我的咖啡杯里有苍蝇！再往深一点儿挖掘，他恐怕是要和对方说：你们餐厅的厨房到底有多脏？亏我这个老客户吃了这么多年！这样的幽默非常难得，既可以有效凸显一个人的气度修养，又能解决实质性问题，很值得我们大家效仿。

无厘头幽默十分多元，可严肃也可以轻松活泼，只要你拥有积极乐观的心态，时时刻刻都可以无厘头。

譬如，你内急冲进洗手间，忽见朋友从洗手间走了出来，慢条斯理地和你寒暄："你去哪边了呀？"其实答案显而易见，这样的问话纯属废话。这时，你倒也不妨无厘头一把，笑着跟他说："去金边呀！"

这回答同样也是废话，但以废话应对废话，这不是恰到好处吗？

当然，无厘头式的幽默仅仅只是搞笑、逗乐可不行，真正的无厘头幽默应该带有一定的批判性。你的表述可以很荒诞，但应该有内容。比较容易操作的方法，就是专注于对经典的颠覆、重构，对不合理事物的讽刺、揶揄，你可以正话反说、正题反解，甚至以荒唐显荒唐、以悖谬释悖谬等，都可以得到这一目的。

在进行无厘头幽默创造时，大家应该使自己的想象力极力扩张，万事万物都是你任意调遣、组合和生发的对象，自然时空、是非差别已不复存在，取而代之的完全是你的心灵意志所向。正因为你这样反叛既有规则和思想权威，调侃不合理的一切，才使得无厘头幽默发挥到极致。

第 8 章

修炼这 10 招，变身幽默达人

幽默不是装腔作势，不是油嘴滑舌，也不是辛辣的嘲讽。正如王小波所说："浮躁者难以幽默，钻牛角尖者难以幽默，装腔作势者难以幽默，愚笨迟钝者难以幽默，捉襟见肘者难以幽默。唯有平等待人，超然洒脱，聪明剔透，游刃有余，才能做到真正的幽默。"

对大多数人来说，幽默感并不是与生俱来的，而需要后天修炼。我们与其羡慕那些妙语连珠、幽默机智的人，不如通过自身努力成为那样的人。通过学习一些培养幽默感的小技巧，在生活中多加练习与应用，一定能成为朋友圈里的"万人迷"。

1. 故意离题，歪解原意

如果我们凡事都一本正经，以事实和科学为出发点，就不会有幽默感。只有用轻松调侃的态度来重新诠释某个词语，把两件看似风马牛不相及的事情生硬地凑在一起，才能制造出出其不意的幽默效果。

一场演讲比赛中，一名参赛选手刚刚登台，就被台上的电线绊了一下，打了个踉跄，差点摔倒。一时之间，台下发出一阵哄堂大笑。然而，选手没有流露丝毫的慌张，而是从容不迫地说："谢谢！谢谢！我刚才是为大家的热情而倾倒。"话刚说完，台下就传来热烈的掌声。这名选手正是通过曲解"倾倒"一词，变被动为主动，展现了自己的幽默机智，也赢得了观众的好感。

所谓歪曲语意就是不按照常理或对方的意思来解释或理解某个词语的意思，从而赋予这个词新的意义，制造幽默的效果。新旧词义或语义之间的差距越大，产生的效果就越诙谐滑稽。

吴宗宪：你见过方的眼睛？

生活中，那些幽默机智的人总是能恰到好处地运用"歪曲原意"的语言艺术，制造笑点，制造和谐融洽的欢笑气氛。

有一次，主持人吴宗宪在主持一档综艺节目，他问其中一位嘉宾："你最喜欢自己身体的哪一部分？"

嘉宾答："眼睛。"

吴宗宪问："为什么是眼睛呢？"

嘉宾答："因为我的眼睛很圆呀。"

吴宗宪立刻接过话茬："啊，难道你见过方的眼睛？"

吴宗宪巧妙地抓住了"圆"这个字眼，嘉宾本意是用"圆"来形容自己的眼睛好看，而吴宗宪却有意曲解了"圆"字，单从形状方面做文章，巧用"方"字来逗得观众发笑。

石动筩：孔子的门徒中有 30 个戴了帽子，还有 42 个没戴帽子

我们有很多途径可以营造荒谬之感，其中歪解经典制造的喜剧效果最强。一般来说，经典具有严肃性，语言又为人们所熟知，一旦有所歪解，就与原意产生了强烈的反差。

在唐朝《唐颜录》有一段记载：石动筩是北齐高祖手下的一位幽默大师，善用各种制造幽默的技巧。一次，石动筩去国子监参观，当时，一些经学博士正在辩论，说起孔子门下的 72 名弟子在官场施展抱负。石动筩插话道："这 72 人之中，戴帽子的有几个，没戴帽子的又有几个？"

博士说："经书上没有记载。"

石动筩又问："先生读书时，难道没有注意过孔子的门徒中有 30 个戴了帽子，还有 42 个没戴帽子。"

博士问："你从何而知？"

石动筩说："根据《论语》记载，'冠各五六人，五六三十；童子六七人，六七四十二也'，加起来正是 72 人。"

在《论语》里，孔子原本是与曾子等得意门生一起探讨自己的理想与

志向，说的是带着五六个青年和六七个少年，在田野的风中自由地漫步，好不惬意。然而，石动笛把表示约数的“五到六人”和“六到七人”曲解为五和六与六和七分别相乘，得到了孔子门下有72弟子的结论。这种不和谐的歪曲充满了诙谐幽默。

“一诺千金”来自司马迁所著的《史记》，讲的是秦汉年间，武将季布曾与刘邦一起打下江山，此人义薄云天，注重承诺，只要他允诺的事情，无论花多少钱也无法改变。有一个笑话就是用曲解的手法重新诠释了这个典故。

有一位女士问一位先生：“如何解释‘一诺千金’？”

先生回答：

“千金者，小姐也；一诺者，答应也。言下之意，小姐啊，你就答应一次吧。”

历史上的英雄典故与求爱的告白相去甚远，然而，这位先生却通过曲解词义来完成了告白。对于那些立志于培养诙谐谈吐的人而言，应该深深地体会并领悟这一条规律。换而言之，想让自己说出诙谐有趣的话来，就要着眼于不切实际的远处。我们现代人与古代那些经典之作距离遥远。既遥远，又歪曲，自然容易产生诙谐之感。不过，是不是利用古代典籍并不是营造幽默感的关键，曲解才是。

有一天，大仲马收到一封信，这是一名青年作家写来的。信中，青年作家热情地邀请他与自己合作，一同创作一部小说。回信中，大仲马犀利地回应道：“先生，您为什么会有如此奇思妙想，居然想将一匹高贵的马和一头下贱的驴套在同一辆车上？”

收到信后，年轻人在回信中写道：“大仲马先生，想不到您有如此奇思妙想，居然把我比喻成一匹高贵的马！”

幽默的效果就此出现。大仲马原本是想把年轻人比喻成驴，然而，对方却故意歪曲了大仲马的意思，不仅有力地回击了大仲马，也给自己找了一个台阶。

大仲马从回信中感受到了年轻人的幽默与机智，非但不生气，反而很欣赏。于是，立刻又给他写信：“亲爱的朋友，请把你的稿子寄给我，我很乐意与你合作。”

在人际交往中合理地运用歪曲手法，可以增加谈吐的诙谐与趣味。也可以用于自我调侃，以大智若愚的态度面对人生，缩短你与他人之间的心理距离，分享幽默这种难得的人生智慧。

2. “细节法”幽默，润物细无声

正所谓“细节决定成败”，细节的学问适用于生活的各个方面。我们大可以运用“细节法”幽默来调侃自己或他人，会收获出其不意的效果。在生活中，我们要做善于观察的细心人，在推理事件或问题的过程中善于发现纰漏，尤其是从相反的思路去发现一些不易觉察的纰漏，然后以这些微小的可能性作为出发点，进行立论。“细节法”的一个突出特点就是把一个微乎其微的可能性不断放大，从而引申为现实。

爱尔兰评论家、剧作家萧伯纳是不折不扣的幽默大师，从细微处入手，运用炉火纯青的语言艺术将风趣与睿智充盈于喜怒笑骂之间。下面，我们来看一下他是如何从相反的思路出发发现逻辑漏洞并最终营造幽默气氛的。

萧伯纳：如果他拥有你那样的头脑和我这样的身体

有一天，英国著名女舞蹈家邓肯给萧伯纳写了一封信。信中，邓肯热情洋溢地向萧伯纳表达了自己的仰慕之情，并表示，如果他们能步入婚姻，养育儿女，对后代一定是一桩大好事，“想想看，孩子拥有你那样聪慧的大脑和我这样妙曼的身体，这是一件多美妙的事情！”

萧伯纳回信表示受宠若惊，但却难以接受她的一番好意，“也许，那个孩子的运气没那么好。如果他拥有你那样的头脑和我这样的身体，那真是糟糕透了！”

邓肯在信中说，如果他们二人结合，生出来的孩子会同时具备两人的优点，然而，从遗传学的角度来看这个问题，产生这种结果的概率却不是很高。于是，萧伯纳巧妙地运用“细节法”，以另一种概率同样很低的可能性作为立论点，不露痕迹地拒绝了邓肯，也用幽默的言语表现了邓肯提出想法的荒诞和孩子气。萧伯纳在信中正是巧妙地将自我调侃和讽喻他人结合在了一起。

在家庭生活或男女交往时，巧用“细节法”的例子也屡见不鲜。男人和女人相识、相爱，最终步入婚姻的殿堂，这同样也是两个独立的个体逐渐从陌生走向亲密的过程。然而，进入婚姻后，两个人的过往经历、成长背景、生活习惯都不甚相同，在柴米油盐酱醋茶的生活琐事中，逐渐会觉得婚姻生活无聊乏味，与浪漫的恋爱阶段形成了强烈的反差。实际上，上述种种都只是表现，究其根源，还是夫妻二人的心态在不知不觉中变化了。双方太过熟悉和了解彼此，生活也慢慢失去了激情和新鲜感。

如果双方能及时调整心态，用细心和耐心来观察、体味生活，那么，生活中看似平平淡淡的琐事也可以成为素材，添上幽默的佐料，为细微平常的婚姻生活增添许多风味。

厨房是我们家庭生活不可缺少的重要场所，在厨房里发生的很多事都可以作为幽默素材。下面这个故事就与厨房有关。

一天，丈夫问妻子：“结婚纪念日那天我们去哪里呢？”

妻子说：“去一个我没去过的地方。”

丈夫说：“那不如去厨房吧。”

还有一个源于生活琐事的小故事。讲的是一对外国夫妻，丈夫想把鸡杀了，吃鸡肉，但是，他没有直接说，而是对妻子说："亲爱的，我看家里的小母鸡有些哀愁，是不是因为没有把它熬成鸡汤？"

很多男士喜欢看体育节目，有一位先生就独具匠心地利用足球来制造了幽默效果。有一对小夫妻新婚燕尔，家里只有一台电视机，男人爱看球赛，而女人爱看综艺节目，两人经常抢遥控器，都是丈夫妥协。不过，这位丈夫很有头脑，平时有事没事就会给妻子科普各种体育知识，讲各种球赛趣事。时间长了，就把妻子的胃口吊了起来，经常也陪他一起看比赛。

很快，四年一届的世界杯足球赛开播了。精彩的比赛吸引了妻子。这时，丈夫在一旁煞有介事地说："看你高兴的，我想起了一句老话。"

妻子问："什么话？"

丈夫说："知足常乐呀！"

妻子有些不解："为什么？"

丈夫解释道："正所谓知足常乐，就是知道足球后，就经常乐了。"

这种调侃多么富有情调和趣味，让婚姻生活变得趣味盎然。寻常人的生活就是由各种琐事构成的，我们不要为了这些琐事徒增烦恼，也不要因为柴米油盐酱醋茶而磨灭了家庭生活的乐趣。其实，你是否拥有敏锐的洞察力和见微知著的细微之心才是问题的关键。合理地发挥想象力，巧妙地运用幽默感，将细微平常的琐事作为素材，从细微处发掘幽默，为自己，也为家人带去欢乐。

3. 自吹自擂，趣味盎然

在生活中，那些幽默诙谐的人常常运用自吹自擂的方式来夸奖自己，虽然免不了言过其实，与实际情况有所出入，但自己说来津津乐道，旁人听了也有滋有味。自吹自擂正式展现了幽默的本色。

在小说《你不是一个俗人》里，王朔写了这样一段：

刘美萍挤到前面去，手里举着一个小本："冯先生，给我签个名吧，要那种狂草的。"冯小刚低下头，一笔一画地写着。她又说："冯先生，您今天真是感动到我了，好久没听到这么好的大道理了。您讲的话好多我都没听懂，您真是太有学问了。"签完名，冯小刚笑着说："何止把你感动了，我连我自个儿都感动了。真是佩服我自己呀，我怎么能张嘴就来，说的还挺像那么一回事儿呢。秘诀就是多读书啊。"

按照中国人的习惯，一般被别人夸奖时，我们都会表示谦虚，比如说"没有没有！""不敢当不敢当！""您过奖了！"然而，冯小刚却不按常理出牌，听了别人的称赞，他还不过瘾，又"自吹自擂"了一番。在这种语言的强烈碰撞中，幽默感油然而生。

幽默引人发笑，是人们感知世界的有效途径。我们应该以乐观向上的态度面对生活，体悟生活的点点滴滴，将其中引人发笑的部分转化成语言的作品。实际上，现实生活就是幽默艺术的摇篮，而幽默又同时与现实生活在某些方面融为一体。因此，要想真正学会运用幽默，就要深入现实生活，去感知、去发掘，找出那些与现实生活并不协调的细节，再不失时机地运用到现实生活中去。

萨马林：这才是我萨马林的箭法

有一次，萨马林陪着斯图帕科夫大公去打猎。两人一路闲谈，萨马林吹嘘说："我在小时候还练习过骑马射箭。"于是，大公执意让他射几箭试试。萨马林几经推辞，但大公非要看看他的真本事。萨马林实在没有办法，只有摆起架势，拉开弓箭。

他瞄准了一头梅花鹿，射出了第一箭，却没有射中。他解释说："罗曼诺夫亲王就是这么射的。"接着，他射出第二箭，还是没射中，他又说："骠骑兵将军就是这么射的。"终于，第三箭射中了，他松了一口气，不无骄傲地说："您看，这才是我萨马林的箭法。"

事实上，萨马林根本没学过射箭，怎料，他无心吹嘘了一下，大公却抓住不放，非想看他出洋相。于是，萨马林急中生智，将没有射中的那几箭都推到了别人身上，就好像自己没有射中只是在展示他人的箭法。等到第三箭终于射中了，他才松了一口气，把功劳都揽到了自己身上，好一番自我吹嘘。可见，萨马林将自吹自擂式的幽默运用得驾轻就熟，才避免了当场丢脸，还让斯图帕科夫大公开怀大笑，连连夸他机智。

王朔的小说：你嫁给我这样，还不让人羡慕?

比如，王朔的小说《你不是一个俗人》里还有这样一段：

杜梅躺在床上看小说，我躺在一旁，盯着她。

她翻了一页书，扭过头，瞪了我一眼，说道："看我做什么？"

我也瞪着眼："羡慕你！"

她接着看书，说："我就是一个苦命的人儿，有什么可羡慕的？"

"能嫁给我这样的，还不让人羡慕？真是傻人有傻福，毫不费力就找到了我这样的。"

她听完笑了："得了吧，你真是自我感觉良好。"

故事中，男主角通过一番自我吹捧逗乐了妻子，可见，故意为之的自吹自擂的确是营造幽默的一种好办法。

作为一种幽默技巧，我们应该在生活中恰到好处地运用自吹自擂式幽默。不管身处哪种情境之下，都可以脸不红、心不跳地吹嘘自己一番。当然，相较于实际情况，你吹嘘的东西必须有较大差异，让对方从你的话语里能感受到其中的名不副实，才能顺利营造出幽默的效果。

幽默这门语言的艺术源于生活，又高于生活，其中自吹自擂式的幽默则是对现实生活中某些观念的高度概括和浓缩。

再看看下面这个故事：

有一个人自以为棋艺了得，经常到处吹牛。他有一次接连和别人下了三盘棋，每一盘都输了。几天后，有人问："那天下了几盘棋？"

他说："三盘。"

对方又问："能告诉我谁胜谁负吗？"

只见他淡定地说道："我第一盘没能胜过他，他第二盘又没输，我第三盘想打平手，他又不肯干！"

可见，虽然此人棋艺不精，但脸皮却厚。经他这么一说，轻轻松松就将输掉三盘棋的惨况糊弄了过去。这个人具有幽默感，把握住输了棋的机会，自我吹嘘一番，通过自嘲营造了幽默感，不仅让周围的人莞尔一笑，也给自己找了一个台阶，走出了输棋的窘迫。一般来说，自我吹嘘与中国人习惯的谨小慎微的心理背道而驰，故而能产生出人意料的幽默效果。

4. 幽默之矛，温柔反击

人与人之间的交往并非都是善意友好的，有些人居心不良，故意攻击或刁难他人，让他人陷入尴尬的处境。这时，如果针尖对麦芒，非但不能有效解决问题，反而容易让双方的矛盾加深。化解窘境的上上之选就是幽默。

巧妙地运用幽默之矛，看似是在温柔防守，实则是更睿智的进攻，巧用幽默，以婉转含蓄的方式达到目的，让人感到尖锐，却不会发生正面冲突。

面对他人的故意刁难，如果你表现得惊慌失措或愤怒失控，就正中对方下怀，任凭你使出浑身解数也无法摆脱屈辱的处境。相反，如果你能用看似玩笑的口吻回击对方，不仅能体现你的睿智，更能大事化小、小事化了。

泰奥多尔·冯达诺：下次您寄一些标点过来即可，我会把诗歌填上

泰奥多尔·冯达诺是德国 19 世纪知名作家。有一段时间，他在柏林一家出版社当编辑。一天，他收到了一位青年作家的几首诗，诗歌里没有一个标点符号。随诗歌一同寄来的还有一封信，信中说："我历来不在乎标点符号，如果用得着，请您自己填上。"很快，冯达诺就把诗稿退回去了，并附上了一封信，说："我向来不太在乎诗歌，下次您寄一些标点过来即可，我会把诗歌填上。"

幽默的温柔一击之所以可贵，就在于它能收敛起攻击的锋芒。然而，特殊情况下也不尽如此。尤其是面对攻击忍无可忍时，采用故作轻松的调侃只会显得软弱无能，让对方更嚣张。而在这里，冯达诺恰如其分地运用了幽默的攻击性，幽默感也并没有因为强烈的攻击性而有丝毫逊色，看似不动声色，实则绵里藏针！

海涅是德国19世纪的著名诗人，他是一个地地道道的犹太人，因此，也时常遭受莫名的攻击。在一个晚宴上，有一个旅行家对他说："我四处旅行，居然发现有一个小岛上既没有犹太人，也没有驴子！"

海涅微笑着说："看来只有咱俩一起去那个小岛上，才能弥补这个缺憾。"

比起直接骂人，幽默地骂人更含蓄，也更有力。其逻辑在于从对方的话里推理出来并回敬回去。因此，对方想要再回击，就必须先反驳自己的话。然而，说出去的话就如泼出去的水，覆水难收啊。

面对他人的刁难，反戈一击并不是难事，难的是反击得巧妙而漂亮。接过对方带有侮辱性的话茬，看似要屈服于对方，结果突然间发生反转，对方已经不知不觉被自己击中。正因为这种突然间的反转，让幽默的还击带上了戏剧性，值得我们细细体味。

有一次，达尔文应邀参加一场宴会。席间，他碰巧与一位青春靓丽的女士并肩而坐。

这位女士问达尔文："尊敬的达尔文先生，听说，您断言人类是从猴子变来的，那么，我也适用于您的这一论断吗？"

达尔文礼貌地回答道："当然，女士。"

女士有点自嘲地说："那我就是猴子变的啰？"

达尔文不慌不忙地说道："没错，我们都是从猴子变来的。但是，我是普通猴子变的，而您是长得漂亮的猴子变的。"

可见，漂亮的回击要抓住对方的一个暗示或一个结论，反过来用它针对对方，把原本不是他本意的荒唐话硬是塞给他，让他哭笑不得。

有一次，一位资本家故意攻击大文豪萧伯纳。那一天，这位资本家偶遇萧伯纳，于是，他在大庭广众之下高声呼喊道："听人说，伟大的戏剧家都是白痴。"

萧伯纳淡定地回应道："先生，我看您是世界上最伟大的戏剧家！"

资本家根本没想到向来文质彬彬的萧伯纳居然会这样回敬他，低下头，灰溜溜地走开了。

故事里，萧伯纳正是运用幽默来回击他人的恶言恶语。当感受到他人的不良居心时，有力地予以对方一击，既有力地维护了自己的尊严，又从被侮辱的处境下解脱了出来。

可见，面对他人的故意为难，我们有必要不留情面地予以回击，但是，也需要注意方式方法。有时候，直截了当的回击往往效果不佳，而运用幽默机智的话语却能出奇制胜，也不会留下什么后患。

那么，如何巧妙地运用幽默温柔一击呢？可以结合下面几个小技巧：

1. 反击的态度要坚决。面对他人恶意的进攻，坚决反击是最有效的途径，否则对方还会觉得你软弱可欺，只会得寸进尺。

2. 把握时机，及时反击。要反应迅速，在第一时间内反击。如果是秋后算账，难免让别人觉得你小肚鸡肠。

3. 反击的姿态要漂亮。不要过度反击，否则效果也不尽如人意，还会引起一连串麻烦。幽默是最温柔又最有力的反击方式，要懂得巧妙利用对方的话题或话茬，幽默地予以还击。

5. 谦逊的幽默，更有力量

“谦逊的幽默”与“幽默的谦逊”在字面上相似，意思上也有所关联，但二者之间并不能画上等号。“谦逊的幽默”指的是具有谦逊的品质，在此基础上培养了幽默感与幽默的言谈举止；而“幽默的谦逊”指的是用幽默化的方式方法来表现谦逊的品质。

有时候，幽默感也是人类品性中谦逊的一种折射。因此，在日常的人际交往中，我们要懂得展现“谦逊的幽默”。谦逊是一种难能可贵的品质，面对人生的悲欢得失，我们能打造一个弹性较大的空间，用幽默的态度接纳自己、接纳他人，这就是一种谦逊的幽默。

在人际交往时，以谦逊的态度适当地展现幽默，可以活跃气氛，松弛紧张的情绪，拉近人与人之间的距离。当与陌生人初次见面时，彼此之间存在着隔阂，无话找话却很容易尴尬。这时，有的人会选择自嘲的方式，通过三言两语活跃气氛，让对方更好地融入气氛。

自我嘲讽并不是自我人格的贬低，而是一种谦逊的幽默，在某种意义上，还表现了与他人交流的真诚，能迅速增进彼此情感，激发对方进行深入交流的兴趣。

凌峰：把五千年的沧桑全写在了脸上

凌峰是台湾一位著名的喜剧演员，长相也很有辨识度。一场晚会上，他在开场白时就来了个自我调侃，说自己“把五千年的沧桑全写在了脸上”。

自娱自乐地嘲笑自己的长相，既无伤大雅，又引发了台下观众的阵阵掌声。那些富有幽默感的人都懂得运用谦虚的幽默，不仅懂得不着痕迹地嘲讽自己的短处，有时还拿自己的长处出来说一番，来表现自己的谦虚，赢得人们的阵阵欢笑。

班奇：我不可能放弃写作，因为我名声太大了

知名作家班奇曾以自嘲的口吻说：“我已经写了十多年，却到现在才发现，自己并没有写作的天赋。不过，已经太晚了，我不可能放弃写作，因为我名声太大了。”

班奇的谦虚表达可以分为两个层次：第一层是针对公众对自己写作成就做出的评价，他坦诚自己“没有写作的天赋”，然而，细究下去，谁又能说清楚天赋是什么呢？第二层是针对自己的名声做出回应。可见，谦虚的幽默是一种语言艺术的高级表达方式，也是一种自我修炼。

谦虚的幽默流露的是一种高雅的情趣，是对自己的高度自信，消除了彼此间心理上的隔阂，让谈话在轻松愉快的氛围下进行下去。巧妙地将谦逊和幽默结合在一起，能让你成为深受大家喜欢的人。

演讲的时候，如果我们能在做自我介绍时恰到好处地展现谦逊的幽默，就更容易打动听众。我们平时经常听到类似的自我介绍：“今天很荣幸来这里做报告，我是来向大家学习的，希望大家多给我提意见。”类似的开场白难免落入俗套，让人觉得矫揉造作，甚至引起人们的反感。

那些高明的演说家在向众人展现谦逊时，总是同时向人们展现着自己的自信。要知道，大家是希望听到演说家独到的见解，而不是听一些唯唯诺诺、模棱两可的话语。因此，作为演说家，你的观点可以犀利，但表述却要谦逊。下面这位老师的讲课就堪称谦逊幽默术的范本。

新学期的第一堂课，老师昂首挺胸，步入教室，说："同学们，这学期的这门课由我来给你们上。其实，你们不要把老师这个职业想得太过神秘，我只是比你们多读了三遍教科书。这学期，我将和你们一起第四遍读这本教科书。正所谓'读书百遍，其义自现'，四遍和一百遍之间还有很大的差距。"

老师的一番话给"四"这个简单的数字增添了幽默色彩，表面上在"吹牛"，其实却表现了自己谦虚治学的品性。较之传统的开场白，这番新奇的开场白加入了幽默成分，更加吸引人的注意力。

下面这个开场白的效果也类似。有一次，一名青年教授在一家企业举办讲座，他是这样开始演讲的："在座诸位都是知名企业家，都比我年长，在企业管理上有着自己独到的见解。就这一点来说，我恐怕还不够格当各位的学生。那么，今天我能给大家讲些什么呢？我只是想把当今世上那些最先进的企业的管理者的管理理论和管理思想传达给大家，因此，我只是世界顶级企业管理大师们的布道者而已。"

这番开场白幽默有趣，又独具深意。演讲者一方面谦虚地承认自己管理经验不足，赢得了在场这些资深企业家的好感，接着，又通过一番话含蓄幽默地表示在企业管理的理论和思想方面，自己有一定的研究和钻研。

谦逊是一种珍贵的品德，让你变得可亲可敬，能用更平和的心态面对自己的成就与他人的褒奖。同时，幽默也是一种可贵的品德，能在人际交往中让你如鱼得水。当谦逊与幽默巧妙地结合在一起时，你的人生将所向披靡。

6. 幽默巧辩，话里有话

罗曼·罗兰说过：“争论中没有高低贵贱之分，也不管你姓甚名谁，重要的是要掌握真理，因为真理面前人人平等。”正所谓“事实胜于雄辩”，只要我们的见解有理有据，合乎逻辑，合乎真理，再利用“话里有话，弦外有音”的辩论技巧，就能幽默巧辩。

古人说得好，“醉翁之意不在酒”，指的就是“话里有话，弦外有音”，言在此而意在彼。一句话表面上是在自我嘲讽，其实是在回击他人。

大多数情况下，无论是平时的闲谈，还是针尖对麦芒的谈判，常常不能用平铺直叙的方式去表达，而要曲线救国，用委婉的方式表达出自己的意思。

罗西尼：我在阁下的曲子里遇见了很多熟人，只能频频脱帽

罗西尼是19世纪意大利著名的歌剧作曲家，他的创作态度严肃认真，创作出来的作品也独具创意，很受大众欢迎。同时，他也很厌恶那些抄袭或模仿的行径。

有一次，一位作曲家要公开演奏一曲新作，专门邀请罗西尼前去欣赏。

罗西尼坐在前排最中央的位置，听得很投入。然而，听了一会儿，罗西尼的脸色变得很凝重。

演奏继续进行下去。而罗西尼一边听着，一边频频把帽子脱下，又戴上，如此反反复复。那位作曲家也注意到了罗西尼奇怪的举动，问道："先生，您是不是太热了？"

罗西尼说："不是，我遇见熟人，就习惯脱帽致意。我在阁下的曲子里遇见了很多熟人，只能频频脱帽。"

艺术的生命力就在于创作者独到的创意，这样才能形成别具一格的风格乃至流派。任何模仿或抄袭的行径都只是在艺术巨匠的浓荫下苟延残喘，没有任何艺术生命力可言。因此，罗西尼对那些模仿、抄袭的行径深恶痛绝。然而，如果直接指出，对方又难免尴尬，于是，罗西尼通过肢体语言来委婉地指出"我在阁下的曲子里遇见了很多熟人，只能频频脱帽致意"，言下之意，你的作品抄袭了很多大家之作。虽然罗西尼没有点破，但那位作曲家当时想必恨不得找一条缝钻进去。

正如王蒙说的："幽默是一种混合的味道，里面掺杂着酸、甜、苦、辣、咸。咂舌品味，它的味道似乎没有狂欢或痛苦来得那么猛烈，但是，却比狂欢和痛苦更经得住品味。"可见，话里有幽默，生活才有味道。真正的幽默巧辩是将机辩与善辩有机结合，又与幽默互相渗透，融会贯通，用幽默的言语来彰显自己的睿智。这是一种口才上的艺术。

那么，我们如何找到辩驳的有力突破口，用"弦外之音"实现一箭中的呢？

1. **以谬制谬**。指的是面对他人荒谬的言论，你大可用更加荒谬的、不符合事实的言论来辩驳对方，从而凸显对方言语不符合逻辑。

一位记者采访扎伊尔总统蒙博托，提问道："听说您很富有，据说，您的个人资产高达 50 亿美元！"

很显然，这个问题针对的是蒙博托在经济上是不是廉洁而提出的。听后，蒙博托发出一阵大笑，反问道："刚才还有一个比利时的议员说我的资产有 100 亿美元，你应该听到了吧？"

如果心平气和地解释，恐怕三言两语也难以澄清；如果以严词厉色地斥责对方，不仅有失风度，还有"此地无银三百两"的嫌疑。于是，蒙博托用"哈哈大笑"的肢体语言来表示对这个问题的不屑，此外，还借用了比利时议员的话来反问记者，用一个数额更大的显然是虚构的数字间接地否定了记者刚才的问题。

2. **委婉点拨**。面对他人的质问和责难，有时候我们可以用一种更婉转的方式来回复，这样一来，既提点了对方，又不至于伤了和气。

阿瑟·柯南道尔是《福尔摩斯探案集》的作者，他早年还在杂志社当过编辑，每天都有大量退稿需要处理。有一天，他收到一封信，信里写道："您把我的小说退了回来，但是，我知道您其实没有读完这本小说，我故意把里面的几张稿纸黏在了一起，然而，它们并没有被拆开。您这么做太失礼了。"

对此，柯南道尔在回信中写道："如果您在吃早餐时发现鸡蛋已经坏了，您也不用吃掉它才能证明它已经变质了吧？"

3. **自我嘲解**。自嘲也是一种有效的辩论方式。当幽默以自嘲的方式展现出来，谈话也会多几分调侃的气氛。比如，有一次，一个肤色很黑的人在河边洗脸，一只乌鸦飞过来，一把叼走了他的香皂。于是，他感叹道："哎呀，原来乌鸦和我一样黑，也需要用香皂洗脸。"这种自嘲的方式在另一种情境下也适用，就是你说话时面对的对象一直脸色阴郁，每当说话者提起这个笑话，就能有意无意地提醒"黑脸"的人，让对方意识到自己不应该一直阴沉着脸。

所谓"话里有话，弦外有音"，就是通过巧妙地引导和灵活地接茬，抓住机会，以期后发制人。在历史中，体现"机辩"和"善辩"的幽默也比比皆是。当年，诸葛亮一人只身前往江东，去那里游说孙权对抗曹操，曾在那里指点江山，舌战群儒，这段轶事实在是家喻户晓。

在日常生活中，类似的幽默也很常见。比如，有的人尤其擅长利用机辩的辞令劝说别人喝酒；会议上，两方观点僵持不下，有的人却能用巧辩之才赢得人心，获得支持。只要我们轻装上阵，笑看生活，就会发现，这份睿智的幽默无处不在。

7. 旁敲侧击，顾左右而言他

“顾左右而言他”也是生活中常见的一种幽默技巧。谈判的时候，我们经常会“左右环顾”，最终迂回地切入主题，这是一种高明的谈判策略。双方人员坐下来，彬彬有礼，互相寒暄，而不会急匆匆地进入谈判的实质性阶段。因此，谈判双方也有充足的时间协商，尽量达成一致。

很多时候，谈判难免陷入僵局，恰到好处地运用“顾左右而言他”的幽默技巧能化解尴尬于无形，一来稳定双方情绪，使谈判在更轻松愉快的气氛下进行；二来能占据主动权，一步步实现良好的沟通效果。

科伦泰：我只能采取分期付款的方式

科伦泰是前苏联外交界的传奇人物，作为一名女大使，她以优雅的仪态、睿智的幽默和不俗的谈吐世界闻名。有一次，她出任前苏联驻挪威全权贸易代表，与挪威商人就挪威鲱鱼的购买事宜进行谈判。挪威商人开出了一个天价，而科伦泰也不愿退让，不断压价。双方不断讨价还价，双方在激烈的争辩中都试图削弱并瓦解对方的信心，谈判也没有丝毫进展。

最后，科伦泰露出迷人的微笑，说道：“好吧，我愿意接受你开出的价格。如果我们的政府不予批准，我就只能用自己的工资来支付差额部分了。不过，我只能采取分期付款的方式，可能要付一辈子。”

面对这个高明的谈判对手，挪威商人束手无策，只好将价格降低到科伦泰愿意接受的范围内。当谈判陷入僵局时，科伦泰正是运用了“顾左右而言他”的幽默技巧，让对方无可奈何地接受了自己开出的条件。

基辛格：此时火车刚刚驶离车站，正在轨道上飞驰

谈判时，有时需要适当地提醒对方，又不适宜直接提出，就可以运用旁敲侧击的幽默技巧。具体做法就是从侧面提出一些话题，这些话题看似与主题无关，其实暗含深意，从而达到提醒或启示的作用。

有一次，基辛格与大使多勃雷宁就越南战争问题进行会谈。期间，尼克松总统给基辛格打来了电话。挂了电话，基辛格对多勃雷宁说：“刚才总统在电话里跟我说，就越南问题来说，此时火车刚刚驶离车站，正在轨道上飞驰。”多勃雷宁机智老练，马上接过了话茬，说：“我希望开的是飞机，而不是火车，因为飞机没准中途还会改变航向。”基辛格马上回复：“总统对词汇的把握精准到位，我相信他是说一不二的，他说开的是火车。”

谈判时，基辛格巧妙地运用了火车与飞机的比喻，借此来对多勃雷宁旁敲侧击，婉转地表明了自己坚定而鲜明的立场。可见，语言的幽默总是能及时打破僵局，让谈判在轻松、愉快的氛围中进行，并能在最大限度上帮助自己达成目的。

“顾左右而言他”的另一种形式是婉转提问，也就是在合适的场合下，用委婉的语气和方式向对方提问。在没有摸清楚对方虚实的情况下，先虚设一问，能帮助我们尽快探明虚实，进而采取合适的策略。谈判高手总是长于辞令，工于心计，能灵活自如地运用口才与幽默在谈判桌上与对手一较高下。

在我们日常生活中，与谈判类似的情景也时常可见，比如下面这个例子。

在一家五星级饭店，一位客人坐在餐桌旁，把餐巾系在脖子上。大堂经理见状，吩咐服务员：“请去告诉这位客人，我们餐厅不允许这么使用餐巾，要尽量把话说得委婉一些。”

于是，服务员来到客人身边，彬彬有礼地说：“先生，您是理发，还是剃胡子？”刚说完，客人马上意识到自己行为的失礼，马上把餐巾取了下来。

这名服务员没有直接指出客人的不当之处，而是幽默地用“理发”和“剃胡子”这两件与饭馆的服务项目相去甚远的事情来提问，从而委婉地提醒客人。这样一来，既让客人意识到了自己的错误，又顾及了客人的面子。在这里，服务员就很好地示范了如何运用旁敲侧击的幽默技巧。

诚然，服务员与客人之间并非谈判对手，但是，一场普遍意义上的谈判的确在两人之间上演了。我们试想一下，如果服务员直接上前指出客人的不当之处，顾客可能觉得颜面受损，扭头就走，饭馆的利益也因此受损。

谈判时，我们还要多多留意对方的反应，不要放过面部神态、眼神、肢体动作等各个细节。在不适宜直接用语言表达的场合下，谈判者会有意识地运用这些肢体语言来传达信号。比如说，咳嗽有时候可以用来掩盖谎言，有时表示局促紧张，有时还表示质疑或诧异。其中的奥妙与玄机，谈判者只有在具体情境下来加以甄别。

8. 视觉幽默，神奇的“聚光灯”

社会心理学提出一个有趣的理论，指出视觉是幽默的最高表现形式，而不是语言。细细琢磨一下，觉得确实有道理，因为有时引起人们发笑的并不是语言，而是行为。有时，我们只要巧妙地运用一下视觉手段，就能提醒对方：是时候笑了！

在日常生活中，实现视觉幽默最简单、便捷的方式就是运用我们的肢体语言。但是，需要注意的是，我们的动作也不宜太夸张。大多数情况下，如果你的语言太过夸张，人们的注意力就都转移到你的动作上，而不再关注你说话的内容。比如下面这个例子里的牧师就因为动作太过夸张，而导致他的听众不再关注他究竟要表达什么。

只见一位牧师走上讲台，一屁股坐在椅子上，接着，他又像被针扎了一般，马上站起来，接连说道：“对不起！对不起！”随后，他再次小心翼翼地坐了下去，这次，只把小半个屁股坐在椅子上。过了半天，他才犹犹豫豫地说：“坐着讲话有点紧张，效果不好，大家多多见谅。”而台下的听众有的交头接耳，有的打着瞌睡，有的自顾自忙着手里的活儿，根本没人搭理他。

我们试图利用视觉幽默来吸引人们注意力时，动作要轻松自如，这样才能打破听众在心理上建立起的那道“墙”。同时，动作幅度不宜太大、太夸张，应该保持风度。因为我们只是运用视觉幽默来吸引人们的眼球，而不是要表演一段视觉艺术。下面，我们一起看看劳伦斯作为语言的艺术家，是如何运用视觉幽默来吸引人们注意力的。

戴维·劳伦斯：你们的热情太高了，甚至把书都点燃了

戴维·劳伦斯是英国20世纪最杰出的小说家之一。当时，他新写的小说《查泰莱夫人的情人》出版不久，他在一次公开演讲中把这本书翻开，里面两面纸马上熊熊燃烧起来。演讲之前，劳伦斯专程向一位魔术师学习了这个小魔术。接着，他轻轻把书合上，说道：“大家看，你们的热情太高了，甚至把书都点燃了。”劳伦斯正是运用视觉幽默将声音与影像融为一体，让人们将注意力都转移到他接下来要发表的演讲上来。

视觉上的幽默看得见，摸得着，最直观，也最生动。在合适的情境下，说话者可以摆出某个肢体动作，这就是最好的无声幽默。我们最常使用视觉幽默的场合就是演讲，演讲中，我们可以用动作，甚至表情来传达丰富的视觉幽默。演讲时，有的幽默大师会利用“冷面滑稽”的表情来制造幽默效果。只见台上演讲者正表情一丝不苟，嘴里却装疯卖傻、一本正经地说出一些不着边际的话语，让人啼笑皆非，于是，诙谐的语言与生动的表情碰撞出火花，让人体会到幽默的奇特魅力。正如上文提到的，演讲者的动作要保持在一定的限度内，演讲者的表情也是如此，如果是故作怪相地挤眉弄眼，就使演讲失去了魅力，成为完完全全的滑稽表演。此外，演讲时，不能流露出任何猥琐、低俗的表情，唯有生动而不失端庄、轻松而不落低俗的表情才能帮助演讲者更好地演绎他的表述内容，从而制造幽默效果。

演讲是一个完整的过程，精彩的开头能吸引听众的注意力，而妙趣横生的结尾同样也能为一场演讲画龙点睛，直接决定了演讲的成败。古往今来，成千上万的精彩演讲被记入史册，这些演讲最常运用的一种结尾方式就是幽默式结尾，尤其是运用视觉幽默来结尾。这样一来，即便演讲结束了，也能达到“余音绕梁，三日不绝于耳”的效果。

乔治·格林是美国加州大学哲学系教授，他马上就要退休了。他挑选了一个日子，决定在那一天发表一场公开演讲，结束他在加州大学几十年的任教生涯。当天正值初春时节，他有条不紊地把精心准备好的演讲内容徐徐道来。演讲马上就要结束时，只见一只毛茸茸的小鸟飞过来，在礼堂的窗台上驻足，欢快地鸣叫着。这时，小鸟清脆的叫声马上吸引了台下听众的注意力，一时间，现场气氛发生了变化。然而，经验丰富的乔治没有流露出任何不快或慌张，相反地，他马上根据当时的实际情况做出了恰当的反应。

当台下听众回过神来，扭头望向演讲台时，他仍然保持着凝视窗台上那只小鸟的状态。接着，他好像突然想起来了什么，急匆匆地把桌子上的东西收拾好，用告别的口吻对台下众人说：“各位，对不起，失陪了，我和春天还有个约会。”话音未落，他冲着听众挥了挥手，三步并作两步，走出了大礼堂，只留下身后听众雷鸣般的掌声。

台下听众联想到这是乔治教学生涯中最后一次演讲，更觉得这种顺势而为的方式诙谐幽默，让人捧腹之余，也感受到了老教授的人格魅力。可见，语言并非制造幽默的唯一工具，我们同样可以借助表情、动作等方式来传达幽默感。学会用一个打趣的方式来给一段讲话画上句号，这种幽默隽永的方式也能让听众感受到人性的脉脉温情，让人回味无穷。

9. 玩转幽默，化解尴尬

在社交场合中，随时都会有突发状况，有时甚至完全脱离我们的掌控。比如，自己热情洋溢，对方却毫无反应；自己突然言语有失或行为不当；又或者周围突然发生了意料之外的事情。这些情况猝不及防，往往让人陷入进退两难的尴尬境地。

面对这些复杂的场合，幽默其实是最佳的化解途径。适时地幽默一把，既可以有效地缓解气氛，又能迅速解决问题，迅速稳定住失控的局面。

幽默是一门惠人利己的艺术，关键时候，说上一两句幽默的言语，既可以将危机和尴尬化解于无形，又能展现我们大度的胸怀和敏捷的才思。

白岩松：今天的新闻就是明天的历史

幽默的确是一门极富魅力的语言艺术，下面，我们一起领略一下著名主持人白岩松是如何用冷幽默化解尴尬的。

有一次，白岩松去一所高校演讲。演讲结束后，还有一个互动环节，学生可以自由提问。

学生："我看您的危机感很强，看上去总是冷冰冰的，这是为什么呢？”

白岩松：“我喜欢把每一天都当作世界末日来活。”

学生：“你什么时候才会笑？”

白岩松：“会不会笑并不是最重要的，懂幽默才重要。”

学生：“如果有一天你的缺点比优点还多，你要怎么办？”

白岩松：“作为一个主持人，没有优点，也没有缺点，就太乏味了。有缺点的话，我会感到很幸福，它可能就是优点的一部分。”

学生：“我是历史系的，有机会去新闻节目当主持人吗？”

白岩松：“今天的新闻就是明天的历史。”

面对学生连珠炮似的尖锐提问，白岩松利用幽默的言语应对自如。他回答学生，“要把每一天都当成世界末日来活着”，细细咀嚼一番，才能体会出其中深意。每个人都不是完人，为自己拥有缺点而幸福，这是一种自信的表现。白岩松运用幽默的语言，将缺点解读成优点的一部分，非但没有人察觉到丝毫自卑，反而还鼓舞了年轻学生。白岩松说的“今天的新闻就是明天的历史”也很幽默，看似是歪曲了学生说的话，其实却话里有话——“条条大路通罗马！好好努力吧，年轻人！”这正是白岩松要表达的意思。

面对学生犀利的问题，白岩松巧妙地运用正话反说的幽默技巧化解了尴尬。这些话题原本司空见惯，但他却另辟蹊径，从听众的逆向心理出发，表达出来别有一番趣味。

奥尔德林：我是从月球到地球来的第一人

众所周知，第一次登上月球的有两个人。第一个是阿姆斯特朗，无人不知，无人不晓；另一个与他一同登月的人名叫奥尔德林。在庆功宴会上，记者向奥尔德林抛出了一个高难度问题：“阿姆斯特朗先登上月球，成为历史上第一个登月的人，你有没有感到遗憾？”

一时间，场面变得很尴尬。所有人都盯着奥尔德林，看他如何作答。然而，奥尔德林微微一笑，风趣地说道 ：“大家可别忘了，当我们返回地面时，我可是第一个走出船舱的人。”他四下环顾了一圈，又说，“因此，我是从月球到地球来的第一人。”

他的幽默瞬间逗乐了在场所有人，掌声一阵高过一阵。

人生不仅有风和日丽，还会有凄风惨雨 ；我们会赢得别人真挚的尊重，却偶尔也会在某些场合陷入尴尬，无地自容。面对人生的荣辱得失，我们有幽默应对，就任何场合都不用犯愁。

伊索是古希腊时期的寓言大师，学识渊博，机智聪慧。有一次，他的主人酒后失言，跟人夸下海口，要把大海里的水都喝干，并用他所有的财产作为赌注。第二天，主人醒酒了，才自知失言，十分后悔。然而，这件事已经在城里传开了，人们纷纷来到海边，等候着，想要看看他怎么把海水喝干。

于是，主人只好向伊索求助。伊索思考了一会儿，很快就想出了一条妙计。主人按照伊索的吩咐，来到海边，冲着围观的人群高喊道 ：“没错，我确实能把海水都喝干。但是，现在千千万万条河流奔流不息，流入大海，这就麻烦了。如果谁能将海水与河水之间的界限画出来，我保证把所有海水都喝干！”话音未落，人群中爆发出一阵欢笑声和掌声。正是伊索的幽默与机智让人们为之折服。

当然没有人能区分出海水与河水之间严格的界限，将二者分离开。因此，伊索的主人也没有食言。面对这道难题，伊索正是巧妙地设计了一个无法实现的幽默前提，从而力挽狂澜，破解了主人进退两难的尴尬处境。

面对尴尬，幽默的确是最好的调节剂。当我们运用幽默技巧时，还要注意以下几点 ：

1. **要敢于用幽默解围**。面对尴尬的情况，有的人手足无措。这时，不妨大胆地幽默一把。

2. **攻击他人不是真幽默**。幽默是一门高明的语言艺术。如果为了摆脱尴尬，就草率地攻击他人，只会让情况更糟糕。

3. **不要故作玄虚，而要简单易懂**。幽默的目的就是让人轻松愉快，让对方能听明白是实现这一目的的前提。对方只有听明白了隐藏在你幽默背后的真实的意图，幽默才能发挥作用。

10. 小题大做，让幽默加倍

“小题大做”也是一种常见的幽默形式，指的是从别人的一句话或一个观点出发，通过联想同类或类似的事物，或是借助推理或类比的手法，实现“小题大做”，制造出幽默感。

有位老人对当下年轻人的很多习气看不惯，但又不愿直接表露出来。一天，他在公园里散步，迎面走来一个小伙子。只见他嘴里叼着一根烟，冲老人嚷嚷道：“喂，老头儿，给我借个火！”

老人没搭理他，扭头就走。同行的朋友很奇怪，追问他为什么如此生气。老人不愿直接表露出来，掩饰道：“哦！我不愿意给那小子借火。那样的话，我就会跟他说话，他就会问我住在哪里；我肯定不会告诉他，不然他还会跑到家里去找我。那就太糟糕了！我担心我女儿会爱上他，这样他还会继承我的遗产。你想想看，我怎么能把自己的家业不明不白送给一个陌生人呢？”

这位老人看不惯小伙子流里流气的样子，不愿接触对方；然而，朋友追问原因时，他又不愿意表露真实的想法。于是，他就以“借火”为出发点，借题发挥，通过一步步地推理，说自己不搭理小伙子是为了避免引狼入室。确实，在一些特殊场合下，如果我们能不失时机地小题大做一把，效果往往出人意料。

事实上，在各种幽默技巧中，借题发挥是行之有效又易于掌握的一种，最关键的一点就是通过夸张的推理或类比实现“小题大做”，从而制造幽默感。

郭沫若：郁达夫的夫人一定叫郁达，邵力子的父亲则叫邵力

廖冰兄是我国著名漫画家，1945 年，他的漫画《猫国春秋》在重庆展出。当时，在首展的剪彩仪式上，众多文化名流应邀前往，其中就包括王琦、郭沫若、宋云彬等。

席间，郭沫若突发奇想，问廖冰兄：“为什么你的名字这么古怪，要以兄自称？”

王琦是当时著名的版画家，为人很是伶牙俐齿，马上接过话茬，替廖冰兄解释道：“他的妹妹名字里有个冰字，所以他叫作冰兄。”

听罢，郭沫若被逗得哈哈大笑，说：“哦，难怪！这么说来，郁达夫的夫人一定叫郁达，邵力子的父亲则叫邵力。”郭沫若的一席话让在场众人捧腹大笑。

事实上，廖冰兄的妹妹的确叫廖冰，但这不过是一个个例。但是，郭沫若借题发挥，从廖冰兄的名字引申开去，运用类比的手法开起了文化圈的玩笑。郭沫若看似在插科打诨，其实却展现了他敏锐的联想能力和机智的幽默感。

其实，“借”是“借题发挥”的关键所在，只有找准了要借的“题”，才能有更好的后续发挥。借得好，就能营造出绝佳的幽默效果；借得妙，则会让临场发挥更加诙谐幽默。

二战期间，美国五星上将卡特利特·马歇尔在营地举办了一场宴会。

宴会结束后，他送一位小姐回家。其实，这位小姐就住在附近，但是，马歇尔足足开了一个多小时的车，才终于来到她家门口。

她问："你对这里的路好像不太熟，是不是刚来这里？"

马歇尔彬彬有礼地回答道："我不敢那么说。如果我对这里不熟，又怎么能开了一个多小时的车，却一次都没从你家门前经过呢？"

一瞬间，马歇尔独特的幽默就打动了这位小姐，也由此抱得美人归。那位小姐抛出了"你对这里的路好像不太熟"的话题，按常理来说，不熟悉道路，自然也就不容易找到目的地。然而，马歇尔却以这个话题为出发点，借题发挥，用幽默的言语吐露了对这位小姐的爱慕之情。他的一番话可谓趣味盎然："如果我对这里不熟，又怎么能开了一个多小时的车，却一次都没从你家门前经过呢？"言下之意，找不到小姐的家并非不认识路，而是在不断避开经过她家门口。这番巧言妙语也将他的睿智与幽默展现得淋漓尽致。

我们不仅可以在日常生活中运用借题发挥的幽默技巧，在一些正式的国际谈判中，借题发挥也是有力的武器。

1945 年，德黑兰首脑会议召开，美、英、苏三国首脑聚集于此。会议完全处于斯大林的掌控之下，这让美国总统罗斯福和英国首相丘吉尔都十分不悦。于是，他们私下商量好，要好好戏弄一下斯大林。

有一天，会议开始前，丘吉尔掏出一根雪茄，点燃了，说道："昨晚我做了一个好梦，梦里我成了世界主宰！"罗斯福接茬道："我昨晚也做了一个美梦，也梦见我成了世界主宰。斯大林元帅，您昨晚梦到什么了吗？"

斯大林慢悠悠地说："我昨晚也做了一个梦，在梦里，我没有批准二位的任命。"听到这个出人意料的回答，丘吉尔和罗斯福哑口无言，只能自嘲地笑笑。

斯大林的回答妙就妙在突然转化了一个角度，从而变被动为主动，非但没有被罗斯福、丘吉尔二人嘲弄，反而还嘲弄了他们。

可见，找准一个要“借”的“题”乃是借题发挥的基础，进而在“小题”的基础上大做文章，巧用推理和类比的手法，制造幽默的轰动效应。前提是你要不断地培养幽默感和反应速度，在恰当的时机从对方那边接过话头，说出恰如其分的幽默言语。